BANK- UND FINANZLEXIKON

DEUTSCH - RUSSISCH

Mit russisch-deutschem Anhang

Von
Sergej Awramow
und
Andrej Fedotow

GABLER

BANK-UND FIN
DEUTSCH-RUSS

НЕМЕЦКО-РУС
БАНКОВСКО-
СЛОВАРЬ

НЕМЕЦКО-РУССКИЙ
БАНКОВСКО-ФИНАНСОВЫЙ
СЛОВАРЬ

с русско-немецким приложением

Составители:
С.В. Аврамов, А.Ю. Федотов

GABLER

Die Deutsche Bibliothek – CIP-Einheitsaufnahme

Awramow, Sergej V.:
Bank- und Finanzlexikon Deutsch-Russisch: mit russisch-deutschem
Anhang / von Sergej Awramow und Andrej Fedotow. – Wiesbaden:
Gabler, 1993
    Parallelsacht.: Nemecko-russkij bankovsko-finansovyj slovar
    ISBN 3-409-19958-6
NE: Fedotov, Andrej J.:; HST

Der Gabler Verlag ist ein Unternehmen der Bertelsmann Fachinformation.

© Betriebswirtschaftlicher Verlag Dr. Th. Gabler GmbH, Wiesbaden 1993
Lektorat: Silke Strauß

Höchste inhaltliche und technische Qualität unserer Produkte ist unser Ziel.
Bei der Produktion und Verbreitung unserer Bücher wollen wir die Umwelt
schonen: Dieses Buch ist auf säurefreiem und chlorarm gebleichtem Papier
gedruckt. Die Einschweißfolie besteht aus Polyäthylen und damit aus organi-
schen Grundstoffen, die weder bei der Herstellung noch bei der Verbrennung
Schadstoffe freisetzen.

Die Wiedergabe von Gebrauchsnamen, Handelsnamen, Warenbezeichnun-
gen usw. in diesem Werk berechtigt auch ohne besondere Kennzeichnung
nicht zu der Annahme, daß solche Namen im Sinne der Warenzeichen- und
Markenschutz-Gesetzgebung als frei zu betrachten wären und daher von
jedermann benutzt werden dürften.

Druck und Buchbinder: Wilhelm & Adam, Heusenstamm
Printed in Germany

ISBN 3-409-19958-6

VORWORT

Das vorliegende Lexikon enthält annähernd 1500 meist gängige deutsche Begriffe aus dem Bank-, Kredit- und Finanzwesen und deren sprachliche Äquivalente mit den notwendigen Erläuterungen im russischen Textteil. Das Wörterbuch besitzt einen russisch-deutschen Anhang mit über 3000 speziellen russischen Bank- und Finanzbegriffen und den entsprechenden deutschen Termini.

Das Lexikon ist vor allem für russische Führungs- und Fachkräfte aus dem Bank- und Finanzwesen gedacht, die bereits Kontakte zu Geschäftspartnern in Deutschland unterhalten bzw. diese anzubahnen beabsichtigen. Darüber hinaus könnte es auch jenen deutschen Unternehmern nützlich sein, die sich auf den Märkten Rußlands und anderer Staaten der ehemaligen Sowjentunion geschäftlich engagieren. Die Verfasser gehen davon aus, daß seine Benutzer schon über gewisse Grundkenntnisse der deutschen bzw. der russischen Geschäftssprache und über einige Erfahrungen in der Handhabung fremdsprachlicher Nachschlagewerke verfügen.

Neben Fachwörtern deutschen Ursprungs weist das Lexikon gleichfalls zahlreiche englische, französische und italienische Bank- und Finanztermini auf, die sowohl in der Geschäftssprache deutscher Bankiers als auch in der internationalen Kommunikation der Bankinstitute mehr oder minder gang und gäbe sind.

Bei der Abfassung des Wörterbuches bedienten sich die Autoren bestimmter deutscher, amerikanischer und, soweit vorhanden, russischer Lexika des Bank-, Kredit- und Finanzwesens sowie allgemeiner ökonomischer Literatur. Ferner griffen sie auf Originalquellen des deutschen und schweizerischen Bankbetriebs sowie der Bankfach-, Aus-und Weiterbildung zurück.

Schließlich berücksichtigten sie ihre eigenen Erfahrungen und Kenntnisse aus einer vielfältigen Übersetzer- und Dolmetschertätigkeit.

Die Autoren fühlen sich der Ost-West-Wirtschaftsakademie Berlin verpflichtet, die ihnen mit wertvollen Hinweisen für das Manuskript und bei dem Erscheinen dieses Lexikons in der Bundesrepublik Deutschland zur Seite stand.

Außerdem danken die Verfasser der Vereinigung der Kommerziellen Banken der GUS für die zur Verfügung gestellten Unterlagen aus den Bankgeschäften und die sachkundigen Ratschläge zum Gelingen dieses Wörterbuches.

Die Verfasser sind der Hoffnung, daß dieses Nachschlagewerk den russischen wie den deutschen Bankiers und Unternehmern dienlich ist und daß es zur gegenseitigen Verständigung in den Geschäftsbeziehungen beiträgt.

Sergej Awramow
Andrej Fedotow

ПРЕДИСЛОВИЕ

Настоящий словарь включает в себя около 1500 наиболее употребительных и имеющих актуальное значение немецких лексем из банковской, кредитной и финансовой сферы, а также их русских эквивалентов, снабженных в необходимых случаях соответствующими пояснениями. Словарь располагает русско-немецким приложением, содержащим свыше 3000 специальных русских банковских и финансовых терминов с приведением их немецких эквивалентов.

Словарь предназначен прежде всего для тех российских специалистов и руководителей банковско-финансовых учреждений, которые уже установили контакты с деловыми партнерами в Германии, как и для тех, кто стремится завязать такие контакты. Кроме того, данный словарь может оказаться полезным и для немецких предпринимателей, заинтересованных в выходе на рынки Российской Федерации и других государств на территории бывшего СССР; для этой целевой группы и предназначено в первую очередь русско-немецкое приложение.

Составители исходят из того, что их словарем будут прежде всего пользоваться те, кто уже обладает знанием основ делового немецкого и русского языков, а также имеет определенный опыт работы со словарями и другой иноязычной справочной литературой.

Настоящий словарь содержит наряду со специальной немецкой лексикой также большое количество прочно вошедших к настоящему времени в обиход немецких банкиров английских, французких и итальянских банковских, финансовых и биржевых терминов, без которых сегодня уже немыслимо успешное межбанковское общение как внутри страны, так и за рубежом.

В своей работе над словарем составители использовали

специальные немецкие и американские, а также вышедшие в свет за последнее время русские толковые словари и справочники по банковскому, кредитному и финансовому делу, двуязычные словари, специальную литературу по общим экономическим вопросам, ряд оригинальных немецких и швейцарских материалов по организации банковского дела и по проблемам профессиональной подготовки и повышения квалификации банковских служащих, а также свой собственный опыт в сфере специализированного письменного и устного перевода.

Составители выражают свою признательность Академии экономического сотрудничества Восток-Запад, Берлин, за ценные идеи и практические советы при работе над рукописью, а также за содействие в издании словаря в Федеративной республике Германия. Слова искренней благодарности они адресуют Ассоциации комерческих банков СНГ за предоставление целого ряда специальных банковских материалов, советы и рекомендации, учтенные при работе над словарем.

Составители надеются, что их работа окажется полезной для российских и немецких специалистов банковского дела и предпринимателей и явится подспорьем при достижении взаимопонимания, ведении деловых переговоров, поможет развитию сотрудничества и реализации совместных проектов.

С. Аврамов
А. Федотов

A

Abfluß *m* der Gelder отток денег (антоним: *Zufluß m* - приток денег).

Abschluß *m* итог, сальдо, итоговый баланс; **belm ~ der Bücher wurde ein Manko festgestellt** при проведении баланса была обнаружена недостача.

Abschreibung *f* **1.** списание со счета (баланса), аннулирование; **2.**амортизация.

Abwicklung *f* von Bankgeschäften ведение банковских операций.

Agio *n* [´a: dʒo] (Syn.: Aufgeld *n*) лаж, ажио, надбавка. В банковском деле ФРГ: та величина, на которую цена (либо курс) ценной бумаги превышает номинальную стоимость ценной бумаги (валюты).

Akkreditiv *n* аккредитив.

Akquisition *f* вербовка, привлечение (клиентов, покупателей).

Aktie *f* акция. В ФРГ: ценная бумага, фиксирующая пай какого-либо лица в акционерной компании.

Aktienausgabe *f* (Syn.: Emission *f*) эмиссия акций.

Aktienbörse *f* фондовая биржа.

Aktienindex *m, pl*- dizes индекс котировки акций.

Aktienkapital *n* акционерный капитал. Разделенный на паи основной капитал акционерного общества.

Aktienkurs *m* курс акций.

Aktienmarkt *m* рынок акций. Биржевой оборот как таковой, охватывает куплю-продажу акций.

Aktionär *m* (Syn.: Aktienbesitzer *m*, Aktieninhaber *m*) акционер, владелец акций.

Aktiennotierung *f* котировка акций.

Aktiva *pl* (engl.: Assets) активы, наличность, дебет.

Aktivgeschäfte *pl* активные банковские операции, кредитные операции. Этим термином в ФРГ чаще всего обозначают кредитные операции в целом. (Антоним: *Passivgeschäfte pl* - пассивные банковские операции).

Akzept *n* акцепт, принятие к оплате (векселя).

Akzeptkredit *m* акцептный кредит (вексельный кредит).

Akzeptverweigerung *f* отказ в акцепте (в принятии к оплате) векселя.

Anfangsbilanz *f* (Syn.: Eröffnungsbilanz *f*) начальный баланс, вступительный.

Anlage *f* помещение (вложение денег, капитала), капиталовложение (долгосрочное); **fiduziarische Anlangen** *pl* доверительные (фидуциарные) капиталовложения.

Anlageberatung *f* консультирование (клиента) по важнейшим вопросам его вкладов.

Anlagefonds *m* фонд основных средств.

Anlagegeschäfte *pl* операции, связанные с вложенным капиталом.

Anlagekapital *n* основной (инвестиционный) капитал.

Anlagekauf *m*, meist **Anlagekäufe** *pl* покупка, приобретение ценных бумаг с целью их вклада на длительный срок, в отличие от спекулятивной скупки ценных бумаг.

Anlagekredit *m* долгосрочный (инвестиционный) кредит.

Anlagepolitik *f*, (~ strategie) политика капиталовложений, инвестиционная политика. Ее составные: разработанные профессиональными консультантами, либо инвесторами, целевые установки, а также этапы для достижения этих целей.

Anlagevermögen *n* имущество инвестиционное. В акционерном праве и в практике балансовых операций ФРГ:

служащие интересам предприятия недвижимые (или малоподвижные) ценности и предметы, как-то: земельные участки, машины, инструменты, оборудование магазинов, доли в других фирмах, а также патенты, лицензии и т.п.

Anleger *m* инвестор, вкладчик; **institutioneller** ~ институциональный вкладчик. Вкладчиком является институт, организация.

Anleiheablösung *f* конверсия займа.

Anleihebesitzer *m* займодержатель.

Anleihegeschäft *n*, meist **Anleihegeschäfte** *pl* заемные операции, операции по займу (получение и предоставление займов).

Anleihemarkt *m* рынок кредита.

Anleihen *pl* займы, ссуды.

Anleiheschein *m* облигация займа.

Anleihezahlung *f* выплата по займу.

Annuität *f* аннуитет, ежегодный платеж, выплата. В ФРГ, чаще всего: постоянные и периодические, т.е. не только ежегодные выплаты по ссуде, ипотеке.

annuitätisch ежегодно выплачиваемый (в ФРГ: периодически и регулярно).

Anteil *m* пай, доля, часть.

Anteilbesitzer *m*, **Anteilinhaber** *m* владелец доли капитала.

Anteilbrief *m* ценная бумага, фиксирующая права владельца по отношению к инвестиционной компании, *см. Kapitalanlagegesellschaft f*.

Anteilseigner *m* пайщик, акционер.

Anteilpapier *n* ценная бумага, фиксирующая участие в (чаще всего акционерном) обществе.

Antizipation *f* антиципация, преждевременное совершение какого-либо действия, например, уплата долга до установленного срока.

Arbitrage *f*, **Arbitragegeschäft** *n* арбитраж, арбитражная сделка. Использование разницы цен, курсов на различных рынках.

Asset Backed Securities *pl* [ˌæsət ˌbækt siˈkjuəritiz] (engl.) один из инструментов выгодного пополнения финансовых активов какого-либо предприятия на рынке капиталов.

Asset Management *n* [ˈæsət ˌmænədʒmənt] (engl.) 1. управление активными банковскими операциями: ликвидностью, портфелем кредитов, долгосрочными инвестициями в ценных бумагах и инвестициями банка вообще. (Антоним: *Liability Management n*), т.е. управление пассивными операциями; 2. профессиональное управление имуществом по договору, как правило, с институциональным вкладчиком.

Assets *pl* [ˈæsəts] (engl.) активы, *см. Aktiva pl*.

Assets & Liabilities *pl* [ˈæsəts ˌənd ˌlaɪəˈbɪlɪtiz] (engl.) активы и пассивы (*Bankbilanz f*).

Audit *m, n* [ˈɔːdɪt] (engl.) аудит, проверка, ревизия (баланса, отчетности).

Aufsichtsbehörde *f* контрольный орган, орган надзора (в ФРГ - *Bundesaufsichtsamt n*).

Aufsichtsrat *m* контрольный совет. Предписанный законом ФРГ орган, контролирующий, в частности, деятельность администрации акционерного общества.

Aufwendungen *pl* затраты, издержки, расходы.

Auktion *f* аукцион, публичные торги.

Ausgabenüberschuß *m* превышение расходов над доходами.

Ausleihung *f* 1. выдача взаймы, во временное пользование; 2. выдача, предоставление денег, кредита с последующим погашением: ссуда, ссуждение.

Ausleihungen *pl* **mit Deckung** ссуды гарантированные, обеспеченные.

Ausleihungen *pl* **ohne Deckung** негарантированные ссуды.

Ausleihungen *pl* **Sicht** бессрочные ссуды.

Ausleihungen *pl* **Zeit** срочные ссуды.

Außerbilanzgeschäfte *pl* внебалансовые операции. (Антоним:балансовые операции

Bilanzgeschäfte pl).

Ausstattung mit (finanziellen) Mitteln *f* обеспеченность (денежными) средствами.

Aval *m* аваль, вексельное поручительство.

Avalkredit *m* кредит под вексельное поручительство.

Avalverpflichtung *f* обязательства по авалю.

B

Back-up-Fazilitäten *pl* (oder - facilities -engl.) «бэк-ап-фасилитиз», букв., «дублированные возможности», «подстраховочные лимиты». Кредитные лимиты, позволяющие банку или консорциуму банков осуществлять неоднократную эмиссию ценных бумаг (как правило, краткосрочных) и в случае их неразмещения объявлять себя самого их собственником.

Baisse *f* понижение курса. Сильное и продолжительное падение всех или некоторых курсов акций; **auf eine (die) ~ spekulieren** (Syn.: baissieren) играть на понижение (на бирже).

Baisseengagement *n* сделка на понижение, заключение сделки на понижение - обязательство поставить на биржу проданные на срок ценные бумаги в надежде на понижение биржевых курсов.

baissieren (Syn.: auf eine (die) Baisse spekulieren) играть на понижение.

Bank *f* банк. В ФРГ термин «банк» в настоящее время употребляется в том же значении, что и термин «кредитное учреждение». Под банком понимаются частные либо публично-правовые экономические предприятия, обеспечивающие экономическую деятельность платежными средствами (банкнотами и безналичными расчетными средствами), принимающие сбережения и передающие их в качестве ссуд, осуществляющие профессиональные торговые операции с денежным капиталом и имущественными правами (напр., ценными бумагами), а также иные операции, связанные с денежным обращением, в особенности безналичные расчеты. Важнейшие виды банков: депозитные Б., фондовые Б., эмиссионные Б., финансирующие (инвестиционные) Б., ипотечные Б., кредитные Б., специальные Б., универсальные Б. и др; **Geld in eine ~ legen (bei einer ~ einlegen)** положить деньги в банк; **Geld auf der ~ liegen (haben)** иметь деньги в банке; **Geld (die Einlage) von der ~ abheben** взять деньги (снять вклад) из банка; **Geld aus der ~ herausneh-men** брать деньги из банка.

Bank für internationalen Zahlungs-ausgleich (BIZ) *f* (engl.: Bank for International Settlements, BIS) Банк международных расчетов (БМР), международная валютно-кредитная организация, основана в 1930 г. в Базеле семью государствами как акционерное общество, в задачу которого входит содействие развитию сотрудничества между центральными банками и осуществление функции посредника или агента в порученных ему международных платежных операциях.

Bankabteilung *f* отделение банка.

Bankagio *n* лаж в пользу банка.

Bankaktie *f* банковская акция, акция банка.

Bankakzept *n* банковский акцепт (переводного векселя).

Bankangestellte Subst *m, f* служащий (-ая) банка, банковский служащий.

Bankanteil *m* банковская акция.

Bankanteilseigner *m* (Syn.: Aktionär *m*, Aktienbesitzer *m*, Anteilinhaber *m*, Anteilseigner *m*) пайщик, акционер банка.

Bankanteilsschein *m* банковый пай.

Bankaufsicht *f* государственный контроль над частными бан-

ками.

Bankauskunft *f* букв. «банковский отзыв». Предоставляемая кредитным учреждением справка о материальном положении одного из клиентов.

Bankausweis *m* отчет о деятельности банка (публикуемый крупными банками, как правило, еженедельно).

Bankbedingungen *pl* условия (ведения) банковских операций.

Bankbetrieb *m* банковское учреждение. В ФРГ - экономическое предприятие, осуществляющее банковские операции (в первую очередь кредитные операции, операции по вкладам, фондовые операции и платежные расчеты). Т.е. термин «банковское учреждение» синонимичен терминам «банк» и «кредитное учреждение».

Bankbilanz *f* баланс банка. В банках ФРГ - изображение структуры имущества и капитала банковского учреждения. В практике этот термин теперь используется в более широком смысле, означая также и подсчет прибылей и убытков банковского учреждения за финансовый год.

bankbrüchig (Syn.: bankrott) несостоятельный, обанкротившийся.

Bankbuchhaltung *f* банковская бухгалтерия. Основа всей финансовой отчетности кредитного учреждения. С ее помощью производится хронологизация и систематизация всех производимых банковским учреждением финансовых операций.

Bankdarlehen *n* банковская ссуда.

Bankdeckung *f* банковское покрытие. Обеспечение выпускаемых банковских билетов банковскими гарантиями (векселями, чеками, ломбардными требованиями и ценными бумагами). Возможно банковское покрытие золотом и валютой.

Bankdeposit (um) *n* (Syn.: Bankdepot *n*) банковский депозит, банковский вклад.

Bankdiskont *m* банковский учет, банковский дисконт. Вычисляемая центральным эмиссионным банком процентная ставка за учет векселей, см. дисконт.

Bankdisponent *m* доверенный банка, доверенное лицо банка.

Bankemission *f* банковская эмиссия, выпуск банкнот.

Bankenaufsicht *f* Федеральная комиссия наблюдения за банками в ФРГ. Сам термин «Bankenaufsicht» означает отрегулированное в законодательном порядке влияние государства на кредитную систему. В рамках закона о кредитах Федеральное ведомство по надзору за кредитованием (БАК) ФРГ осуществляет надзор за производимыми в стране кредитными операциями. В этой функции оно пользуется поддержкой Немецкого федерального банка.

Bankenfreizone *f* свободная зона банков. Финансовый рынок в стране, где кредитные учреждения имеют право осуществлять финансовые операции с зарубежными партнерами независимо от действующих в этих странах валют в соответствиии с установленными государством льготами.

Bankengesetzgebung *f* банковское законодательство. Законы, рассматривающие публично-правовые и частно-правовые стороны банковской деятельности. К числу юридических норм, регулирующих банковское дело ФРГ, относятся прежде всего закон о кредитовании, закон о Федеральном банке, закон о ипотечных банках, закон о корабельных банках, земельные законы о сберкассах и др.

Bankenkartell *n* банковский картель.

Bankenkonsortium *n* консорциум банков. Организованное с какой-либо конкретной целью общество сохраняющих юридическую самостоятельность банков, учреждающих общий счет для осуществления поставленной задачи. .

Bankenkrise *f* кризис банков, банковский кризис. Ситуация, в силу которой всей банковской системе угрожает банкротство из-за неликвидности или банкротства нескольких кредитных учреждений.

Bankenliquidität *f* банковская ликвидность, ликвидность банков. В ФРГ - выражение для обозначения ликвидности банковской системы. В то время как отдельно взятый банк может вложить деньги центрального банка в денежный рынок либо взять их оттуда, банковская система в целом зависит в области обеспечения деньгами центрального банка в существенной степени от рефинансирования в эмиссионный банк.

Bankenquête *f* обследование (анкетирование) банков. Крупное исследование банковского дела, проводимое в основном государственными учреждениями.

Bankenquêtekommission *f* комиссия по обследованию банков.

Bankensystem *n* (oder Banksystem *n*) банковская система. В странах рыночной экономики, где инициатива находится в частных руках, разнообразие и самостоятельность различных предприятий, в т.ч. банков, весьма велики, что существенно усложняет рассмотрение действующих банков как целостной структурной модели. Исходя из этого, в профессиональной литературе и в практике под термином «банковская система» подразумевается более или менее удовлетворительное распределение банков какой-либо страны по определенным группам в соответствии с характерными признаками их деятельности, прежде всего го видами производимых операций.

Bankenverband *m* банковское объединение, союз банков. В ФРГ отсутствует центральный союз, который объединял бы все кредитные учреждения страны, однако существует ряд объединений, представляющих интересы какой-либо одной группы банков. Такие объединения представлены на федеральном и земельном (земельные союзы) уровнях. Важнейшими банковскими объединениями в ФРГ являются: **Bundesbank deutscher Banken e.V.** Федеральный союз немецких банков; **Deutscher Sparkassen- und Giroverband e.V.** Немецкий союз сберкасс и жиробанков; **Bundesverband der deutschen Volksbanken und Raiffeisenbanken e.V.** (BVR) Федеральное объединение немецких народных банков и банков «Райфайзен»; **Verband privater Hypothekenbanken e.V.** Союз частных ипотечных банков; **Bundesverband deutscher Leasing-Gesellschaften e.V.** Федеральное объединение немецких лизинговых обществ и т.д.

bankfähiger Wechsel *m* вексель, принимающийся к учету в банке.

Bankfiliale *f* филиал банка, местное отделение банка. В ФРГ крупные банки, как правило, располагают широкой сетью банковских филиалов, обладающих большей или меньшей свободой действий

в зависимости от их значимости и величины, и реализующих общую линию банка.

Bankgarantie *f* банковская гарантия. В банковском деле ФРГ: абстрактное обещание произвести платеж при определенных условиях, т.е. ручательство за потенциальный успех либо за избежание возможных убытков. В этом отличие Б.Г. от банковского поручительства, *Bürgschaft f*, представляющего собой обязательство исполнить уже имеющееся или ожидаемое требование по отношению к должнику. Впрочем, иногда, особенно при операциях на внешних рынках, Б.Г. и «банковское поручительство» употребляются как синоним.

Bankgeheimnis *n* тайна вклада. Обязательство банка перед клиентом не предавать огласке известные ему сведения о клиенте и не передавать их другим организациям.

Bankgeschäft *n* 1. банкирская контора, частный банк; 2. банковская операция. В ФРГ: юридически закрепленные финансовые отношения банка с клиентами и другими банками. Важнейшие виды банковских операций:

Einlagengeschäfte - операции по вкладам; **Kreditgeschäfte** - кредитные операции ; **Diskontgeschäfte** - учетные (дисконтные) операции; **Effektenkommissionsgeschäfte** (**Effektengeschäfte**) - фондовые комиссионные операции (фондовые операции); **Depotgeschäfte** - депозитные операции; **Investmentgeschäfte** - инвестиционные операции; **Darlehenserwerbsgeschäfte** - ссудные операции; **Garantiegeschäfte** - гарантийные операции; **Girogeschäfte** - жирооперации. Основные формы банковских операций: **Aktivgeschäfte** - операции с активами (кредитные); **Passivgeschäfte** - операции с пассивами; **Dienstleistungsgeschäfte** - банковские услуги.

Bankgesetz *n* закон о банках. **1.** Законодательный акт, закрепляющий права и обязанности (государственного) эмиссионного банка и, тем самым, создающий инструменты для валютной политики; **2.** В Германии и ФРГ - ряд законодательных актов XIX-XX вв., регулирующих немецкую банковскую систему.

Bankguthaben *n* кредитовое сальдо на счетах клиента в банке, деньги клиентов на текущем счету в банке.

Bank-holiday [ˈbæŋk ˌhɔlɪdeɪ] (engl.) *m* (Syn.: Bankfeiertag *m*) «бэнк холидей», нерабочий день в банке (в т.ч. суббота перед Пасхой и Троицей).

Bankier *m* [baŋˈkjeː] банкир.

banking by mail [ˌbæŋkɪŋ baɪ ˈmeɪl] (engl.) «бэнкинг-бай-мэйл». Операции, осуществляемые банком по почте.

Banking-Theorie *f* [ˈbæŋkɪŋ -] букв. «теория банкинга». Распространенная на Западе, в частности, в ФРГ, теория банковского дела, согласно которой изменение количества находящейся в обращении денежной массы зависит прежде всего не от золотого покрытия денег, а от объема производства и реализации товаров и от политики ценообразования.

Bankkommandite *f* (частный) банк, находящийся под контролем другого банка, как правило, крупного, внесшего в него долгосрочный коммандитный вклад.

Bankkonto *n* (текущий) счет (клиента) в банке.

Bankleistungen *pl* (Syn.: Bankdienstleistungen *pl*) банковские услуги. Услуги, предоставляемые банком на рынке каждому клиенту; сюда же относится вся производственно-техническая деятельность, необходимая для оказания банковских услуг.

Bankliquidität *f* ликвидность банка, банковская ликвидность. Способность банка своевременно погашать свои долговые обязательства; платежеспособность банка.

Bankmarketing *m* банковский маркетинг. Ориентированная на реализацию в условиях рынка концепция управления и деятельность кредитного учреждения.

bankmäßig orientierter Zahlungsverkehr *m* расчет платежей через банк.

bankmäßige Transaktion *f* операция (трансакция), входящая в сферу банковской деятельности.

bankmäßige Zahlung *f* платеж, осуществляемый через банк (как правило, безналичными средствами).

Banknote *f* банкнот, банковский билет, кредитный билет. Бумажный денежный знак, выпускаемый в обращение центральным (эмиссионным) банком; ~ über 1000 DM банковский билет достоинством в 1000 Немецких марок.

Banknotenregal *n* право государства на выпуск бумажных денег.

Banknotenumlauf *m* обращение бумажных денег. Находящаяся в обращении денежная масса банкнот.

Banko *n* деньги, принимаемые банком.

Bankordnung *f* устав банка (вариант).

Bankorganisation *f* банковская организация, организация банковского дела. Включает определение режима работы, распределение обязанностей, обработку данных на ЭВМ и принятие и проведение мер по контролю в кредитном учреждении. В крупных банках существуют специальные отделы банковских операций.

Bankpolitik *f* банковская политика, политика банка. Деятельность, охватывающая все мероприятия по регулированию обращения денег и капитала, а также по банковской организации. Б.П. проводится государством, центральным эмиссионным банком, кредитно-экономическими организациями и отдельными частными банками.

Bankrate *f* (Syn.: Banksatz *m*, Diskontsatz *m*) учетный процент; учетная ставка, взимаемая банком при покупке векселей.

Bankrechnen *n* банковские вычисления (банковская арифметика). Все расчетно-вычислительные действия, предпринимаемые при осуществлении деятельности банка или биржи.

Bankrevision *f* банковская ревизия. Проверка финансово-экономической деятельности банка или сберкассы.

Bankrott *m* банкротство; **den ~erklären** (den Konkurs anmelden) объявлять себя банкротом; **~ machen** обанкротиться; **einfacher ~** простое банкротство; **betrügerischer ~** злостное банкротство. Сознательное введение кредиторов в заблуждение относительно мнимой неплатежеспособности.

bankrott обанкротившийся; **~ gehen** обанкротиться.

Bankrotteur *m* (Syn.: Zahlungsunfähige Subst *m*, *f*) банкрот.

Banksatz *m* (Syn.: Bankrate *f*, Diskontsatz *m*) учетный процент, учетная ставка (взимается банком при покупке векселя).

Bankschuldverschreibung *f* банковская облигация. Облигация, выпущенная банком; долговое обязательство банка.

Bankspesen *pl* сборы за производство банковских операций.

Bankstatus *m* (Syn.: Bankausweis *m*) состояние счетов в банке.

Bankstelle *f* филиал банка, банковское отделение. Любое место, где находится хотя бы одно кассовое окошечко банка; **Mehr ~ (n) als Tankstellen** (Spaß) «Банковских отделений больше, чем автозаправочных станций» (шутка).

Bankstellennetz *n* сеть банковских филиалов, сеть отделений банка.

Banktage *pl* грационные дни (льготный срок для оплаты векселей после наступления установленного срока платежа).

banktechnisch принятый в технике банковского дела.

Banküberweisung *f* банковский перевод; жирорасчет. Одна из важнейших форм безналичных платежей, основывающаяся на расположении клиента перечислить своему банку определенную сумму с его жиросчета на счет третьего лица.

Bankverpflichtung *f* **1.** обязательство клиента перед банком; **2.** обязательство банка.

banques d'affaires «банк-д'афер» (франц.). Банк, осуществляющий долгосрочные операции.

banques de depots «банк-де депо» (франц.). Банк, специализирующийся на краткосрочных операциях.

banques mixtes «банк-микст» (франц.). Смешанный банк, производящий разные виды операций.

Bar-Akkreditiv *n* наличный аккредитив, аккредитив наличными. Поручение одного кредитного учреждения другому произвести соответствующую выплату третьему лицу наличными деньгами.

Bardeckung *f* обеспечение банковских билетов, золотое обеспечение. Покрытие золотом и валютой находящихся в обращении бумажных денег, регулируемое центральным (эмиссионным) банком.

Bar-Dividende *f* наличный девиденд. Девиденд, выплачиваемый акционерным обществом акционеру после вычета налога на прибыль корпораций; **in bar** наличными.

bargeldloser Zahlungsverkehr *m* безналичный расчет.

Bargeldumlauf *m* обращение наличных денег, оборотная наличность. Находящаяся в обращении денежная масса из банкнотов и монет.

Barkredit *m* наличный кредит, денежный кредит. Предоставление денег (денежный заем), перечисляемых на текущий счет клиента, либо на особый счет; в любом случае предполагает пользование наличными деньгами.

Barrengold *n* золото в слитках, слитное золото. Обычно используется в системе международных расчетов, особенно при использовании системы золотого паритета.

Barscheck *m* чек на оплату наличными.

Bartergeschäft *n* бартерная сделка, бартерная операция, бартер. Компенсационная сделка по обмену товарами без трансфертного платежа.

Barwertmethode *f* метод действительной стоимости. Применяемый в лизинговой практике способ исчисления периодических выплат по задолженности с учетом прогрессирующей амортизации арендованного имущества (лизинговых объектов).

Basispreis *m* базовая цена. В опционной торговле цена, по которой оплачивается поставка ценных бумаг при совершении опционной сделки.

Beamtenversicherungsverein des Deutschen Bank- und Bankiergewerbes a.G. Союз страхования служащих Немецкой банковской системы. Созданная в 1901 г. рядом частных банков Германии организация для оказания социальной помощи занятым в банковском секторе служащим (прежде всего пенсионного обеспечения).

Bedenkfrist *f* (Syn.: Wechselrecht *n*) «время на обдумывание» (вексельное право). Право плательщика по переводному векселю потребовать вторичного предъявления ему векселя в день первого предъявления для принятия векселя к оплате.

befristete Einlage *f* (Syn.: Termineinlage *f*) срочный вклад.

Belassungsgebühr *f* сбор за продление срока действия ипотечной ссуды с выгодными процентными ставками; иногда взимается также за обработку финансовых документов.

Beleg *m* оправдательный документ (к счету). Правомочный документ для подтверждения каждой позиции по приходу и расходу в бухгалтерском деле.

Belegprinzip *n* («keine Buchung ohne Beleg») принцип приложения оправдательного документа. В бухгалтерском деле ФРГ обязательно правило: ни одной бухгалтерской операции без оправда-

тельного документа.

Belehnung *f* ссуда денег под заклад.

Belehnungsreglement *n* порядок, правила предоставления данной ссуды под заклад.

Beleihungswert *m* закладная стоимость. Стоимость отдаваемого в залог (недвижимого) имущества, определяемая с учетом необходимых параметров.

Berichterstattung *f* отчетность (банка).

Besitzwechsel *m* (Syn.: Rimesse *f*) (переводный) вексель во владении, римесса. Переводный вексель, находящийся во владении кредитора (напр., поставщика).

Bestand *m* 1. наличность; 2. состояние, фонд.

Bestandsbilanz *f* баланс наличности.

Beteiligung *f* долевое участие; количество пайщиков (акционерного общества и т.п.). Юридически оформленное участие акционеров в капитале фирмы или банка, подразумевающее участие в совместной выработке политической линии, получении доходов и несении убытков в соответствии с долей индивидуального вложенного капитала.

Beteiligungsertrag *m* долевой доход, долевая прибыль (с капитала, вложенного пайщиком в акционерное общество).

Beteiligungsfinanzierung *f* долевое финансирование. Форма самофинансирования, при котором финансовые средства предоставляются извне в качестве собственного капитала.

Beteiligungsgeschäft *n* долевая сделка, долевая операция (одна из сторон либо каждая сторона представлена несколькими лицами).

Beteiligungsquote *f* доля участия.

Betongold *n* букв. «бетонное золото». Новый финансовый термин, означающий перевод наличных средств в недвижимое имущество (например, при покупке зданий и т.п.).

Bewertungsgesetz *n* В ФРГ: закон об оценке имущества и взимании с него (соответствующих) налогов.

Bezirksfiliale *f* окружной филиал. В ФРГ: банковский филиал, действующий в одном административном округе.

Bezogener *m* Subst (Syn.: Trassat *m*) плательщик по переводному векселю, трассат.

Bezugsaktien *pl* новые акции,

выпускаемые прежде всего при увеличении акционерного капитала.

Bezugsfrist *f* срок использования преимущественного права на приобретение новых акций; составляет, как правило, от 2-х до 4-х недель.

Bezugsrecht *n* преимущественное право акционера на приобретение новых акций (при увеличении акционерного капитала и в соответствии с величиной вложенного пая).

Bezugsrechtsausübung *f* использование преимущественного права на приобретение новых акций.

Bezugstag *m* 1. день приобретения клиентом вновь выпущенных ценных бумаг; 2. каждый день в течение срока использования преимущественного права на приобретение новых акций.

Bilanz *f* баланс. Составляемый бухгалтерией счет, в котором отражается состояние всех собственных и привлеченных средств и все фактическое состояние имущества.

Bilanzanalyse *f* анализ баланса, балансовый анализ. Ознакомление банка с экономическим состоянием предприятия путем изучения его баланса, структуры прибылей и убытков с целью определения его надежности как потенциального кредитополучателя.

Bilanzbuchhaltung *f* балансовая бухгалтерия. Отделение в банке, занимающееся составлением баланса на основе данных бухгалтерии.

Bilanzgeschäft *n* балансовая операция.

Bilanzgewinn *m* балансовый доход, балансовая прибыль.

Bilanzkurs *m* балансовый курс. Реальная стоимость акции, определяемая на основе изучения опубликованного нового баланса акционерного общества.

Bilanzpolitik *f* балансовая политика.

Bilanzsumme *f* сумма баланса.

Bilanzziehung *f* составление баланса (сведение баланса).

Blankett *n* **1.** чистый (незаполненный) бланк (чека, векселя), на котором отсутствуют необходимые реквизиты (напр., контрольные подписи, штампы и т. п.); **2.** бланкетное обязательство.

Blanko *n* (Syn.: Blankett *n*) **1.** чистый бланк чека, векселя; **2.** бланковый (употребляется как первая часть сложного имени существительного).

Blankoakzept *n* бланковый акцепт, акцепт бланком пере-

водного векселя - векселя, на котором отсутствуют некоторые обязательные реквизиты.

Blankogiro *n* бланко-жиро, бланковый индоссамент. Передаточная надпись на векселе, чеке и т.п., состоящая только из подписи совершающего индоссамент лица (индоссанта).

Blankoindossament *n* (Syn.: Blankogiro *n*) бланковый индоссамент. Индоссамент, содержащий только подпись индоссанта.

Blankokredit *m* бланковый кредит. Кредит, предоставленный без обеспечения гарантиями (т.е. товарно-материальными ценностями или ценными бумагами).

Blankowechsel *m* бланко-вексель. Вексель, заполненый только частично, без одного или нескольких обычных реквизитов; получающий Б.В. держатель имеет право заполнения недостающих реквизитов и передачи векселя другому лицу.

Blankozession *f* бланковая цессия. Уступка требования (по векселю) без полного заполнения соответствующего финансового документа.

Blue Chips *pl* [ˌbluːˈtʃɪps] (engl.) «блю чипс» (анг.), букв. «си-

24

ние бумаги». Биржевое выражение для обозначения наиболее надежных акций, опирающихся на устойчивый курс и приносящих большие девиденды.

Bodensatz *m* букв. «осадок». Часть вкладов клиентов на счетах банка, которая, как правило, неизменно остается в банке. Практика банковского дела ФРГ показывает, что размеры «осадка» не подвержены значительным колебаниям и все время примерно одинаковы.

Bond *m* (engl.), meist **Bonds** облигация (-ции), преимущественно в Великобритании и США; бон (-ы); **Exchequer Bonds** [ıks ´tʃekə ˌbɔndz] (Syn.: Staatsschatzanweisungen *pl*) казначейские (государственные) облигации; **Junk Bonds** бросовые облигации; **Mortgage Bonds** ` [´mɔːgıdʒ ˌbɔndz] (Syn.: Hypothekenpfandbriefe *pl*) ипотечные, залоговые свидетельства.

Bondholder *m* (engl.) (Syn.: Obligationär *m*, Obligationsinhaber *m*) держатель облигаций (бон).

Bonifikation *f* (Syn.: Vergütung *f*) бонификация, возмещение. Единовременный комиссионный сбор, взи-

маемый кредитными учреждениями за помещение вновь выпущенных ценных бумаг.

Bonität *f* **1.** бонитет, добропорядочность, солидная репутация фирмы или кредитного учреждения; **2.** кредитоспособность, платежеспособность фирмы-должника.

Bonus *m* бонус, поощрительная доля прибыли. Прибыль выплачивается акционеру помимо дивиденда в особо удачные финансовые годы, при юбилеях кредитного учреждения либо акционера и при получении кредитным учреждением особо крупного дохода.

Börse *f* биржа, регулярно функционирующий рынок, на котором совершается торговля ценными бумагами; **die ~ schloß gut (flau)** к концу дня дела на бирже шли хорошо (вяло); **an der ~ kaufen** покупать на бирже; **auf die ~ gehen** отправиться на биржу.

Börsenabteilung *f* отдел биржевой . Отдел банка, осуществляющий фондовые операции на бирже или напрямую (используя средства коммуникации с другими кредитными учреждениями).

Börsenauftrag *m* биржевой заказ. Поручение клиента банку по покупке или продаже ценных бумаг.

Börsenbericht *m* (Syn.: Börsen-
blatt *n*) биржевой бюллетень:
1. публикуемые периодичес-
кой печатью и передаваемые
по радио ежедневные сооб-
щения о текущих курсах ценных бумаг, заключенных на
бирже сделках и общих биржевых тенденциях; **2.** еже-
недельные сведения о состоянии дел на крупной бирже
(публикуются самой бир-
жей); **3.** ежегодные сообще-
ния всех бирж.

Börsenbrief *m* (Syn.: Börsenbericht *m*)букв. «биржевое
письмо». Еженедельный,
публикуемый крупной бир-
жей биржевой бюллетень.

börsenfähig котирующийся на
бирже.

börsengängig (Syn.: börsenfähig)
котирующийся на бирже.

Börsengericht *n* (Syn.: Börsen-
schiedsgericht *n*) третейский
суд на бирже.

Börsengeschäft *n* биржевая сделка. Предметами Б.С. яв-
ляются ценные бумаги, ва-
люта и иностранные банк-
ноты, определенные товары
либо краткосрочный заем-
ный капитал.

Börsengesetze *pl* законы о биржах.

Börsenjobber *m* (engl.) биржевой делец, джоббер.

Börsenkapitalisierung *f* биржевая капитализация. Бирже-
вая оценка какого-либо акционерного общества, вы-
числяется путем умножения
текущего курса акций соответствующего акционерного
общества на количество находящихся в обращении
акций этого А.О.

Börsenkurs *m* биржевой курс.
Продажная цена обращаю-
щейся на бирже ценной бу-
маги.

Börsenmakler *m* биржевой маклер.

Börsenordnung *f* биржевой устав.

Börsenpapiere *pl* биржевые бумаги, биржевые ценности.

Börsenplatz *m* биржевое место.

Börsenrecht *n* биржевое право.
В ФРГ: сумма правовых
актов, регулирующих бирже-
вую деятельность в стране.

Börsenschieber *m* биржевой спекулянт.

Börsenspekulant *m* биржевой
спекулянт.

Börsenspiel *n* игра на бирже.

Börsenspieler *m* биржевой игрок.

Börsenterminhandel *m* биржевые операции на срок.

Börsenusancen *pl* биржевые обычаи. Порядок заключения
биржевых сделок и совершае-
мых при этом действий, вы-

работанных биржевой практикой и в настоящее время почти всегда закрепленных в соответствующих регулирующих актах.

Börsenverkehr *m* биржевые сделки, биржевой оборот.

Börsenvorstand *m* биржевой комитет.

Börsenzeit *f* часы работы биржи.

Branchenbank *f* банк отраслевой. Кредитное учреждение, специализирующееся на финансовых операциях в одной отрасли экономики.

Brief *m* вексель, ценная бумага (вариант).

Briefkurs *m* курс акций (вариант).

Broker *m* брокер, (биржевой) маклер.

brutto брутто (без вычетов).

Bruttoeinkommen *n* валовый доход. Доход перед вычетом налогов и отчислений.

Bruttoertrag *m* (Syn.: Bruttoeinkommen *n*) валовый доход.

Bruttogewinn *m* валовый доход, валовая прибыль. Полученный банком доход, при подсчете которого учитываются также доходы и убытки, возникшие в результате изменения реальной стоимости находящихся во владении банка ценных бумаг до вычета по позициям «производ-

ственные издержки», «списание с баланса» и «отчисления в резервный фонд».

Buchführung *f* бухгалтерия, ведение бугалтерских книг.

Buchhaltung *f* (Bankobuchhaltung *f*) бухгалтерия (работа, помещение).

Buchung *f* бухгалтерская запись.

Buchungssystem *n* система ведения бухгалтерских записей.

Buchwert *m* стоимость согласно торговым книгам. Определяемая в соответствии с существующими в бухгалтерии критериями оценки реальная стоимость счета с учетом стоимостных сокращений, списаний со счета и ценностных корректировок.

Bulle *m* букв. «бык». Биржевой маклер, играющий на повышение ценных бумаг и валют.

Bundesaufsichtsamt für das Kreditwesen (BAK) *n* Федеральное бюро надзора над кредитной системой - государственное ведомство ФРГ, осуществляющее вместе с Немецким федеральным банком контроль над системой кредитования.

Bundesbank *f* = **Deutsche Bundesbank** (BBK) Немецкий федеральный банк - государственный центральный банк

27

ФРГ, созданный в 1957 г., обладает монопольным правом эмиссии банкнот, является «банком банков» ФРГ.

Bürge *m* 1. поручитель (-ница); 2. порука; **für jdn. etw. A ~ sein** ручаться за кого-либо, что-либо; **einen ~ stellen** представитель поручителя.

Bürgschaft *f* поручительство, порука, гарантия, договор, по которому поручитель обязуется перед кредитором исполнить долговые обязательства третьего лица (также будущие и условные); **~ für jdn. A leisten** ручаться за кого-либо, давать гарантию.

Bürgschaftserklärung *f* принятие на себя поручительства (перед кредитором за третье лицо).

Bürgschaftskredit *m* (Syn.: Avalkredit *m*) авальный кредит. Предоставление кредита в результате поручительства банка за кредитополучателя.

Bürgschaftsvertrag *m* договор поручительства.

Buyer's Market *m* [ˈbaɪəz ˌmɑːkɪt] (engl.) (Ant.: Seller's Market *m*) конъюнктура рынка, выгодная для покупателей; рынок, на котором предложение превышает спрос.

Byout *m* [ˈbaɪˈaut] (engl.) выкуп.

C

Cash flow [´kæʃ ˌflou] (engl.) (Syn.: Kassenzufluß *m*, Kassengewinn *m*) букв.:«приток денег», «кассовая прибыль». В банковском деле ФРГ обозначает избыток денежных средств, поступающих в результате операций по обороту текущих операций в течении определенного времени.

Commercial paper *n* [kəmə: ʃ(ə)l ˌpeɪpə] (engl.) простой вексель (соло-вексель), выпускаемый крупными компаниями на срок от одного до двух месяцев.

Corporate finance *f* [ˌkɔ:pərɪt faɪ´næns] (engl.) финансирование предприятий. Приобретение необходимых для предприятия краткосрочных и долгосрочных средств финансирования.

Courtage *f* [kur´tɑ:ʒ] куртаж, комиссионное вознаграждение биржевого маклера.

Courtage Konvention *f* соглашение о комиссионном вознаграждении в биржевом деле.

Covered Warrants *pl* [´kʌvəd ´worənts] см. *Traded Options*. В отл. от них нестандартизированы, имеют более длительный срок действия и предоставляются финансовыми учреждениями.

Credit Enhancement *n* [ˌkredit in´hɑ:nsmənt] (engl.) букв. «улучшение качества кредита». Операция, призванная сократить расходы заемщика на приобретение капитала и облегчить ему выход на рынок.

Currency-Theorie *f* [´kʌrənsɪ-] (engl.) букв. «валютная теория». Возникла в ходе английской валютной дискуссии в начале XIX в. В ее основе - валюта, полностью базирующаяся на золотом обороте.

D

Darlehen *n* ссуда, заем. Передача денег или других материальных ценностей заимодавцем заемщику при обязательстве заемщика возвратить полученное того же рода, количества и качества; **gedecktes** ~ заем с обеспечением; **ein** ~ **aufnehmen** сделать заем, взять ссуду, занять деньги по ссудной операции.

Darlehengeber *m* заимодавец.

Darlehensbegründung *f* основание займа.

Darlehensgeschäft *n* ссудная (заемная) операция.

Darlehensgläubiger *m* кредитор по договору займа.

Darlehenskapital *n* ссудный капитал.

Darlehenskassenschein *m* кассовое обязательство (ссудной кассы).

Darlehenskonto *n* ссудный счет.

Darlehenspflichtige Subst *m, f* должник (-ница), заемщик (-щица).

Darlehensvertrag *m* договор займа.

darlehensweise заимообразно.

Darleiher *m* (Syn.: Darlehensgeber *m*) заимодавец, кредитор.

Datenbank *f* банк данных. Способ софт-вера, предполагающий накопление имеющихся и поступающих данных в одном месте и в систематизированном виде.

Datenbanksystem *n* (Syn.: Datenbank *f*) банк данных.

Datenschutz *m* охрана данных. Система обеспечения секретности банка данных.

Datowechsel *m* вексель со сроком, исчисленным до конца выдачи.

Dauerauftrag *m* поручение банку производить долговременные операции по обязательствам клиента за счет клиента.

Dealer *m* [´di:lə] (engl.) дилер. Член фондовой биржи (отдельное лицо, фирма либо банк), совершающий биржевые операции от своего лица и за свой счет.

Debet *n* дебет; **in** ~ **stellen (bringen)** записывать в дебет.

Debetsaldo *m* дебетовое сальдо.

debitieren *v* mit jdm. D записывать в дебет, дебетировать что-то кому-либо.

Debitor *m* дебитор, должник.

Debitorenkonto *n* счет дебиторов.

Debitorenrisiko *n* риск дебиторов.

Debitorenziehung *f* тратта дебитора. Переводной вексель, выставляемый кредитным учреждением на дебитора; сюда же относятся соло-векселя, трассируемые дебитором и передаваемые банку.

Debt *m* [det] (engl.) (Syn.: Schuld *f*) долг.

Debt/Equity Swap *m* (engl.) (Syn.: Schuldenswap *m*) «дет-эквити-своп» (англ.), превращение внешнего долга развивающихся стран в акции и иные ценные бумаги фирм или банков страны-должника, получаемые заимодавцем во владение.

Debt Management *n* (engl.) «дебет-менеджмент» (англ.), долговой менеджмент. Политический долговой инструментарий, применяемый для структурирования государственной задолженности; решения и действия, призванные способствовать осуществлению финансово-экономических или общехозяйственных целей государства посредством изменения структуры государственного долга, остающегося неизменным по своим размерам.

Deckung *f* обеспечение, покрытие, гарантия, уплата; **mit~** с покрытием (обеспечением); **ohne ~** без покрытия (обеспечения); **die ~ erlegen** (hinterlegen, leisten) предоставить покрытие (обеспечение) ценных бумаг; **zur ~ der Kosten** на покрытие расходов.

Deckungsgeschäft *n* операция по обеспечению, сделка по покрытию: **1.** биржевой термин, означающий операцию по аннулированию (обеспечению, покрытию) долговых обязательств, возникающих в результате предыдущей сделки; **2.** компенсационная покупка или продажа кредитором имущества, причитающегося должнику, в случае невыполнения им обязательств по торговой сделке.

Deckungskauf *m* (Syn.: Deckungsgeschäft 2 *n*) покупка по покрытию, компенсационная покупка.

Deckungsmittel *pl* средства для покрытия.

Deckungsverhältnis *n* правовые отношения между лицом, давшим поручение произвести платеж по переводному документу, и получателем денег по этому документу.

Deckungsverkauf *m* (Syn.: Deckungsgeschäft 2 *n*) продажа по покрытию. Компенсационная продажа кредитором имущества, причитающегося должнику, в случае невыполнения им обязательств по торговой сделке.

Deflation *f* (Ant.: Inflation *f*) дефляция. Повышение стоимости денег путем снижения цен.

Delkredere *n* делькредере, ручательство за выполнение обязательств по торговой сделке; **das ~ für jdn. A übernehmen, das ~ für jdn. A stehen** принять на себя делькредере (гарантию) за кого-либо; **bis zur Hälfte ~ stehen** принять ручательство в половинном размере.

Delkrederefonds *m*, **Delkrederehaftung** *f* гарантийный (банковский) фонд.

Delkrederehaftung *f* гарантия, поручительство.

Delkredereprovision *f* комиссионное вознаграждение за делькредере.

Delkredererisiko *n* риск по делькредере. Риск, возникающий в связи с ручательством за какое-либо юридическое либо физическое лицо.

Deponent *m* вкладчик, депонент.

deponieren *v* депонировать, вносить в депозит, отдавать на хранение (в депозит).

Deposit (um) *n* , meist **Depositen** *pl* (Syn.: Depot *n*, Einlage *f*) депозит (-ы). Ценности, переданные на хранение, текущие счета и вклады.

Depositar *m*, **Depositär** *m* хранитель вклада.

Depositenbank *f* депозитный банк.

Depositengeld *n* деньги, вложенные на текущий счет, сумма вклада.

Depositengeschäft *n* депозитная операция. Передача денег на хранение и управление какому-либо банку.

Depositenkasse *f* депозитная касса (банка). Отделение банковского филиала, самостоятельно обслуживающее клиентов в черте городского района или пригорода.

Deposition *f* вклад, вложение. Сдача на хранение денег, ценностей.

Depot *n* [de´pɔ] (Syn.: Deposit (um) *n*) депозит, вклад; **reguläres ~** хранение ценных бумаг с описью; **irreguläres ~** хранение ценных бумаг без описи; **etw. A ins ~ geben** отдавать (ценности) на хранение.

Depotabteilung *f* отдел вкладов и текущих счетов, отдел сейфов (хранения ценностей).

Depoteffekten *pl* ценные бумаги, переданные на хранение.

Depotgeschäft *n* (Syn.: Depositengeschäft *n*) операция по сдаче на хранение в банк ценностей (ценных бумаг).

Depotgesetz *n* закон о депозитах. В ФРГ: законодательный акт, регулирующий порядок приобретения и хранения ценных бумаг.

Depotkonto *n* депозитный счет, счет депозитов. Банковский счет, в который занесены хранящиеся в банке ценные бумаги клиента.

Depotprüfung *f* проверка депозитов. В соответствии с законом ФРГ о кредитовании все кредитные учреждения, осуществляющие фондовые операции с ценными бумагами, должны производить ежегодную проверку этих операций и предоставлять данные проверки государственным контрольным учреждениям.

Depotschein *m* 1. расписка (квитанция) в приеме на хранение вкладов; **2.** залоговое свидетельство, ломбардная квитанция.

Depotverwahrung *f* (bei einer Bank) хранение вкладов (в банке).

Depotwechsel *m* обеспечительный вексель. Вексель, переданный банку в качестве обеспечения.

Deregulierung *f* дерегулирование. Государственная экономическая программа по ограничению влияния государства на частные хозяйства и предоставлению им большей свободы действий путем частичной отмены законодательных актов, регулирующих частный сектор экономики.

Derivativprodukt *n*, meist **Derivativprodukte** *pl* производный продукт, деривативный продукт. Финансовые трансакции, основу которых составляют процентные, валютные операции, операции с акциями.

Deutsche Bundesbank *f* (Bundesbank *f*) Немецкий федеральный банк.

Devisen *pl* 1. девизы. Банковские чеки, переводы, векселя, аккредитивы и все другие расчетные средства в иностранной валюте, реализуемые за границей; **2.** валюта; **etw. A in ~ entrichten** заплатить в валюте; **etw. A mit ~ kaufen** купить за валюту что-либо.

Devisenabrechnungsstelle *f* клиринговое учреждение (по инвалютным расчетам).

Devisenabteilung *f* девизовый (валютный) отдел банка.

Devisenarbitrage *f* валютный арбитраж. Валютная операция, предпринимаемая с целью использования разницы в курсах на разных валютных рынках и представляющая собой покупку (продажу) валюты с последующим совершением обратной сделки.

Devisenarmut *f* девизовый (валютный) голод.

Devisenaufwand *m* расходы в иностранной валюте, инвалютные расходы.

Devisenausfuhr *f* вывоз инвалюты.

Devisenausfuhrsperre *f* запрещение вывоза инвалюты.

Devisenbestand *m* инвалютная наличность.

Devisenbetrag *m* сумма в иностранной валюте.

Devisenbewirtschaftung *f* валютный контроль. Совокупность мероприятий и нормативных правил государства, направленных на ограничение операций с валютой, их регулирование и контроль за ними.

devisenbringende Lieferungen *pl* экспортные поставки за валюту.

Devisendefizit *n* валютный дефицит.

Devinseneinnahmen *pl* поступления иностранной валюты.

Devisengeschäft *n* инвалютная операция.

Devisenhandel *m* торговля иностранной валютой.

Devisenkonto *n* инвалютный счет.

Devisenkurs *m* валютный курс.

Devisenmarkt *m* валютный рынок.

Devisennotierung *f* котировка иностранной валюты.

Devisenrechnung *f* расчет в иностранной валюте.

Devisenrecht *n* валютное законодательство.

Devisenschmuggel *m* контрабандный провоз валюты.

Devisenstock *m* девизные (инвалютные) резервы.

Devisenswapgeschäft *n* [~ swɔp~] операция по валютному «свопу», валютный «своп» (англ.). Осуществляемая центральным банком валютная операция по покупке (продаже) валюты за наличный расчет с одновременным заключением контрсделки на определенный срок.

Devisenverkehr *m* валютное обращение.

Devisenzahlungsausgleich *m*, **Devisenclearing** *n* клиринг в инвалюте.

Devisenzwangswirtschaft *f* система валютных ограничений.

Disagio *n* [-´adʒo] дизажио. Отклонение рыночного курса ценной бумаги или определенной валюты в сторону понижения по сравнению с ее номинальной стоимостью.

Diskont *m* учет, дисконт. 1. учетный процент, взимаемый банками при учете векселей; разница между суммой векселя и суммой, уплачиваемой банком при покупке векселя до наступления срока платежа; **2.** скидка с курса валюты по срочным наличным операциям; **Wechsel in ~ nehmen** учитывать векселя, принимать векселя к учету.

Diskontabbau *m* понижение учетного процента (учетной ставки).

Diskontant *m* учитывающее вексель лицо или предприятие.

Diskontberechnung *f* вычисление учетного процента.

Diskonteur *m* (Syn.: Diskontant *m*) лицо (учреждение), учитывающее вексель.

Diskontgeber *m* продающее (сдающее) вексель на учет лицо.

Diskontgeschäft *n* **1.** учетная контора; **2.** учет (дисконтирование) векселей.

Diskonthaus *n* учетный банк, учетная контора.

Diskontherabsetzung *f* снижение учетной ставки.

diskontierbar принимаемый к учету, учетоспособный (вексель).

diskontieren *v* учитывать, дисконтировать (вексель).

Diskontierung *f* дисконтирование, учет.

Diskontkredit *m* кредит по учету векселей. Краткосрочный кредит, предоставляемый кредитным учреждением

отчуждателю векселя путем покупки векселя до наступления срока платежа при вычете учетного процента.

Diskontnehmer *m* (Syn.: Diskontant *m*, Diskonteur *m*) учитывающее (покупающее) вексель лицо.

Diskontpolitik *f* дисконтная политика, учетная политика. Важная часть денежно-кредитной политики, суть которой состоит в том, что цептральный банк, повышая или понижая официальную ставку, пытается оказывать благоприятное воздействие на объем кредита в стране, состояние платежного баланса и валютный курс.

Diskontrate *f* (Syn.: Diskontsatz *m*) учетная ставка.

Diskontsatz *m* учетная ставка, учетный процент. Процентная ставка, применяемая для расчета величины дисконта при покупке банком векселей; исчисляется в процентах годовых.

Diskontstelle *f* учетный комитет (банк).

diskontunfähig не принимаемый к учету, неучетоспособный (вексель).

Distanzwechsel *m* дистанционный вексель. Вексель, у которого не совпадают место выставления и место платежа.

Dividende *f* дивиденд. Часть прибыли акционерного общества, ежегодно распределяемая между акционерами; ~ **ausschütten** выплачивать дивиденды.

Dividendenanweisung *f* купон на получение дивиденда.

Dividendenscrip *m* [-skrɪp] (engl.) предварительный документ, дающий право на последующее получение дивидендов.

DM (Deutsche Mark) *f, pl* немецкая марка, ДМ (общепринятая в ФРГ аббревиатура).

Dokumentarinkasso *n* (oder Dokumenteninkasso *n*) документированное инкассо, инкассовый документ. Договоренность по условиям платежа между экспортером и импортером, представляющая между собой обязательство покупателя (импортера) осуществить платежи по всем финансовым документам, упомянутым в договоре о купле (продаже), при их первом предъявлении.

Domizil *n* домицилий. **1.** резиденция банка (предприятия), место, где находятся органы его управления; **2.** место платежа по векселю, чеку (как правило, имеется в виду определенный банк, либо его филиал).

Doppelwährung *f* двойная валюта. Система, при которой в обращении какой-л. страны находятся два вида разных денежных средств, разрешенная официально и фиксирующая твердое соотношение между двумя видами валюты.

Draufgeld *n* (Syn.: Draufgabe *f*) задаток.

Dumping-Preise *pl* [´dʌmpɪŋ -] (engl.) демпинговые цены.

E

Edelmetalle *pl* драгоценные металлы.

Edelmetallgeschäft *n* операция с драгоценными металлами. Банки ФРГ сегодня занимаются почти исключительно золотом.

Effekten *pl* ценные бумаги, векселя, банковские билеты, фонды. В ФРГ: ценные бумаги, пригодные для капиталовложения: акции, ценные бумаги под твердый процент (такие, как облигации или залоговые свидетельства).

Effektenbanken *pl* фондовые банки, банки ценных бумаг: 1. банки, занимающиеся операциями с ценными бумагами; 2. Эмиссионные банки.

Effektenbörsen *pl* биржи фондовые, биржи ценных бумаг.

Effektengeschäfte *pl* операции с ценными бумагами. В ФРГ различают: 1. куплю-продажу ценных бумаг со взиманием комиссионных (*Effektenkommissionsgeschäft n*); 2. собственные операции *(Eigengeschäft n)* в интересах самого банка; 3. хранение и распоря-

жение (*Depotgeschäft n*) ценными бумагами по поручению клиента; 4 эмиссионные операции (*Emissionsgeschäft n*).

Effektenverkehr *m* оборот, обращение ценных бумаг.

eigene Mittel *pl*, **Eigenkapital** *n* собственные средства, собственный капитал. В банковском деле ФРГ: средства, принадлежащие собственникам предприятия, они равны той сумме, на которую активы этих собственников превышают их долги (пассивы).

EK & FK (Fremdkapital und Eigenkapital) собственный и привлеченный капитал.

Einlage *f*, **Einlagen** *pl* вклады; **eine ~ abheben** снять вклад; **~ auf Sicht**, **Sichteinlage** вклад до востребования; **Spar ~** вклад в сбербанк; **Termin ~** срочный вклад.

Einlagegeschäfte *pl* операции со вкладами. Относятся к пассивным банковским операциям (*Passivgeschäfte pl*) и являются важным инструментом для привлечения заемного (привлеченного) капитала банками универсального типа (*Universalbanken pl*).

Einleger *m* вкладчик.

Einnahmen *pl* приход, выручка, доход. В банках ФРГ: разного рода денежные поступления, в т.ч. по требованиям и дол-

37

говым обязательствам.

Einnahmeposten *m* приходная статья; **etw.A als ~ buchen** заприходовать.

Einzahlschein *m* приходный ордер.

Einzahlungen *pl* платежи, взносы, оплата. Этот термин в ФРГ обозначает приток ликвидных средств, ведущих к увеличению наличности, а также текущих счетов в кредитных учреждениях. Это более узкое понятие, чем *Einnahmen pl*.

Einzahlungsbogen *m* платежный лист.

Einzahlungsfrist *f* срок платежа.

Einzahlungstermin *m* (Syn.: Einzahlungsfrist *f*) срок платежа.

Emission *f* эмиссия, выпуск ценных бумаг.

Emissionsbanken *pl* эмиссионные банки. В ФРГ: банки, занимающиеся финансовыми и эмиссионными операциями. (Антоним: депозитные банки *Depositenbanken pl*).

Emissionsgeschäft *n* эмиссионная операция. Операция по эмиссии ценных бумаг, часто называемая в ФРГ первичной операцией, в отл. от конверсии займов и обычных биржевых операций (*secondary Geschäft n*).

Emittent *m* эмитент (выпускающий ценные бумаги).

EÖB (Abk. für Eröffnungsbilanz *f*) начальный баланс.

Equity *f* [´ekwıtı] (engl.) **1.** маржа; **2.** обыкновенная акция, акция без фиксированного дивиденда.

Equity-Methode *f* [´ekwıtı -] (engl.) один из методов оценки успешной деятельности компаний, входящих на основе долевого участия в головную компанию.

Erfolgsrechnung *f* (Gewinn- und Verlustrechnung *f*) отчет (финансовый) о прибылях и убытках. Если балансовый отчет дает представление и о структуре имущества и капитала, то данный отчет анализирует «успешность» деятельности данного предприятия.

Ertrag *m,* **Erträge** *pl* доход, доходность, прибыль, выручка. В банковском деле ФРГ: это полученная предприятием выручка: поступления от оборота при продаже услуг, представляемых данным предприятием, причем за определенный период времени; иные поступления, а также чрезвычайные доходы, отражающиеся в отчете о доходах и расходах.

Ertragsbilanz *f* доходная часть баланса.

Ertragsquellen *pl* источники дохода.

F

F/A *m* Ф/А (февраль-август). Срок выплаты процентов с капитала, полугодовые выплаты процентов, производящиеся 1-го февраля и 1-го августа.

F & E (Forschung und Entwicklung *f*) НИОКР, научные исследования и опытно-конструкторские разработки.

Faiseur *m* [fe′sør] (Syn.: Börsenspekulant *m*) биржевой спекулянт.

Faktura *f* фактура, накладная, счет.

Fälligkeit *f* срок платежа, срок исполнения обязательства.

Fälligkeitstag *m* день платежа.

Fälligkeitstermin *m* срок (дата) исполнения платежного обязательства.

Fälschung *f* подлог, подделка, фальсификация.

Faustpfandkredit *m* кредит под ручной заклад. Ломбардный кредит, при котором имущество кредитополучателя (движимое имущество, ценные бумаги) передается кредитодателю как ручной заклад.

Favoriten *pl* фавориты бирж. Ценные бумаги, которые по какой-л. причине (успешные операции эмитента на рынке, слияние предприятий) пользуются особым спросом.

Fazilität *f*, meist **Fazilitäten** *pl* 1. (как правило, во множественном числе) льготы, средства, возможности, способность; 2. помощь Международного валютного фонда по кредитованию.

Feingold *n* чистое золото.

feste Vorschüsse *pl* твердое авансирование; **fester Wechselkurs** *m* твердый обменный курс.

Festgeld *n*, **Festgelder** *pl* срочный вклад (в банке). Форма предоставления капитала на определенный срок, составляющий в практике банков ФРГ, как правило, 30, 60, 90 или 180 дней. Процентные ставки исчисляются в зависимости от сроков предоставления вклада и его величины.

Festgeschäft *n* (Syn.: Termingeschäft *n*) сделка на срок, срочная операция.

Fiduciary Issue *f* [fi′dju: ʃjərɪ ′ɪsju:] (engl.) фидуциарная эмиссия. Банкнотная эмиссия, не обеспеченная золотым запасом, покрытие банкнот и ценных бумаг, основываю-

39

щееся на доверии к эмитенту.

fiduziarisch фидуциарный ; ~**e Deckung** *f* (Syn.: Notendeckung *f*) фидуциарное покрытие. Необеспеченное золотым запасом покрытие банкнот и ценных бумаг, основывающееся на доверии к эмитенту; ~ **es Eigentum** *n* фидуциарная (доверительная собственность); ~ **e Geschäfte** *pl* фидуциарные сделки.

Filialgroßbank *f* филиальный (крупный) банк. Крупный банк, располагающий разветвленной сетью филиалов.

Filialkalkulation *f* калькуляция по филиалам. Расчеты, производимые с целью определения уровня рентабельности каждого филиала кредитного учреждения.

Filialnetz *n* (Syn.: Bankstellennetz *n*, Filialsystem *n*) сеть филиалов (банка).

Financial Engineering *n* [faɪˈnænʃəl ˌendʒɪˈnɪərɪŋ] (engl.) финансовый инжиниринг. Оптимизация финансового обеспечения деятельности фирмы путем усиленного использования всех финансовых инструментов.

Financial Futures *pl* [faɪˈnænʃəl ˈfjuːtʃəz](engl.) «файненшл фьючерз» (англ.). Контракты по фьючерским опера-

циям - стандартизированные контракты по срочным биржевым сделкам (купле-продаже процентных бумаг, валюты, благородных металлов и котировки акций). При заключении контракта в качестве гарантии вносится небольшая сумма.

Financial Managment *n* [faɪˈnænʃəl ˈmænədʒmənt] (engl.) финансовый менеджмент. Совокупность всех задач по осуществлению финансового контроля за находящимися в обращении и хранящимися ценностями.

Finanzanalyse *f* финансовый анализ. Изучение сегодняшнего и потенциального материального положения фирмы с целью оценки ее платежеспособности как возможного кредитополучателя.

Finanzanlagevermögen *n* финансовые инвестиционные фонды, объем финансовых вложений. Совокупность всех ликвидных инвестированных средств, необходимых и предназначенных для обеспечения нормальной экономической деятельности предприятия и входящих в его основной капитал.

Finanzausgleich *m* финансовое соглашение. Договоренность о распределении расходования средств и денежной выручки между частями, предприятиями в рамках государства.

Finanzbehörde *f,* meist **Finanzbehörden** *pl* финансовый (-ые) орган (-ы).

Finanzgericht *n* финансовый суд (для рассмотрения жалоб на решения финансовых органов).

Finanzgerichtsbarkeit *f* юрисдикция финансовых судов.

finanziell финансовый, денежный.

finanzielle Lage *f* финансовое положение.

Finanzierung *f* финансирование.

Finanzierungsleasing *n* (engl.) финансирующий лизинг. Предоставление в долгосрочную аренду основных средств производства, предусматривающее постепенное погашение предприятием-арендатором задолженности по аренде и выплату соответствующих процентов.

Finanzkapital *n* финансовый капитал.

Finanzkontrolle *f* финансовый контроль.

Finanzmann *m* финансист.

Finanzmarkt *m* финансовый рынок.

Finanzmarkttheorie *f* теория финансового рынка. Недав-

но распространившаяся теория курса векселя, рассматривающая валюты разных стран как финансовые инвестиции, приносящие доход их владельцам.

Finanzplan *m* финансовый план.

Finanzpolitik *f* финансовая политика.

Finanzrecht *n* финансовое право.

Finanzwechsel *m* финансовый вексель. Вексель, в основе которого не лежит товарная операция, т.е. служащий исключительно ради получения денег; плательщикам по Ф.В. выступают банки.

Firma *f* фирма.

Firmenbewertung *f* оценка сегодняшнего состояния и потенциальных возможностей какой-л. фирмы (термин, применяющийся в ФРГ при оценке предприятий бывшей ГДР с целью их приватизации).

Firmenkundengeschäft *n* биржевая или банковская операция, в которой в качестве клиента выступает фирма.

Firmenregister *n* список торговых фирм, торговый реестр.

Firmenwert *m* (engl.: goodwill) цена фирмы (ценность фирмы). Общая стоимость фирмы с учетом всего движимого и недвижимого имущества, специфики фирмы, качества и реализуемости выпускаемой продукции или оказываемых услуг и репутации фирмы.

Firmenzeichen *n* марка (эмблема) фирмы.

Fiscal Policy *f* [ˌfɪskəl ´pɔlɪsɪ] (engl.) фискальная политика. Государственная финансовая политика, преследующая цель совершенствовать экономическую конъюнктуру рынка.

flexibler Wechselkurs *m* гибкий (нестабильный) обменный курс.

fluktuierender Wechselkurs *m* изменчивый (нестабильный) обменный курс.

flüssige Mittel *pl* свободные (наличные) средства. Денежная наличность предприятия, а также ценности, которые при необходимости могут быть с полной гарантией и незамедлительно превращены в деньги.

Fonds *m*, meist *pl* [fɔ̃] **1.** фонд (запас, накопления); **2.** фонды, государственные процентные бумаги; **3.** фонды (средства целевого назначения).

Fondsbörse *f* фондовая биржа.

Forderung *f* долговое обязательство, счет, претензия.

Forderung mit Rangrücktritt *f* требование с отказом от ран-

га. Требование (по векселю), снабженное письменным заявлением кредитора, из которого недвусмысленно следует, что оно уступает в ранге (очередности исполнения) требованиям всех остальных кредиторов и не претендует ни на оплату банковскими активами, ни на компенсацию из имущества банка.

Forderungsabtretung *f* (Syn.: Zession *f*) уступка требованиям, цессия.

Forderungskauf *m* покупка претензии, требования третьего лица.

Forderungsklage *f* иск по долговому обязательству.

Foreign exchange (engl.) иностранная валюта.

franko франко (без дальнейшей оплаты); ~ **gegen** ~ взаимная оплата расходов; ~ **Provision** *f* франко-комиссионный сбор (т.е. без начисления комиссионного сбора).

freier Währungsraum *m* свободное валютное пространство. Называется также долларовой зоной, означает совокупность всех стран, расчеты с которыми производятся в свободно конвертируемой валюте.

freie Stücke *pl* букв. «свободные штуки». В ФРГ: ценные бумаги, не подлежащие запрету на ввоз или вывоз в виду их дальнейшей перепродажи.

Freihandelszone *f* свободная зона торговли. Особая группа из двух или более таможенных территорий, между которыми отсутствуют таможенные ограничения и действуют правила свободной и беспошлинной внешней торговли.

Freizügigkeitskonto *n* свободный счет. Вид счета в ФРГ и ряде других развитых стран Запада, на который поступают ежемесячные отчисления работника на социальные нужды (больничная касса, пенсионное обеспечение и т. п.). В случае увольнения работника или его перехода на другую работу его С.С. переводится в избираемый им банк с полным сохранением всех предусмотренных льгот.

Fremdkapital *n* (Ant.: Eigenkapital *n*) заемный капитал (акционерного общества). Привлеченный капитал.

fundierte Schuld *f* (Syn.: langfristige Schuld *f*) фундированный долг, долгосрочный долг.

Fusion *f* (Syn.: Verschmelzung *f*) слияние, сращивание. Экономическое и юридическое объединение нескольких предприятий, банков.

Futures *pl* [´fju:tʃəz] (engl.) фьючерз (англ.), фьючерские операции. Срочные сделки на бирже по фиксируемой в момент сделки цене, с исполнением операции через определенный промежуток времени (*см. Financial Futures pl*).

G

Garant *m* поручитель, гарант.

Garantie *f* гарантия, ручательство, поручительство.

Garantiebrief *m* гарантийное письмо, письменное поручительство.

Garantiegeschäft *m* (der Banken) гарантийная операция (банков).

Garantieschein *m* гарантия (гарантийная квитанция).

Garantieverpflichtung *f* гарантийное обязательство.

Geld *n* деньги. В ФРГ: общепринятые в обществе средства обмена и платежа и, одновременно, ценностный эквивалент товаров и услуг.

Geldabfluß *m* отток денег (Антоним: приток денег, *Geldzufluß*).

Geldabwertung *f* девальвация.

Geldanlage *f* инвестиция, вложение, помещение денег.

Geldanleihe *f* заем (денежный).

Geldanweisung *f* 1. денежный перевод; 2. ассигновка.

Geldbestand *m* денежные фонды.

Geldbewilligung *f* денежное ассигнование.

Geldeingang *m* получение денег (в т.ч. по почте и т.п.).

Geldeinlage *f* (Syn.: Deposit (um) *n*) денежный вклад, депозит.

Geldeinnahme *f* поступление денег, выручка.

Geldeinzahler *m* вкладчик.

Geldempfänger *m* получатель денег.

Geldersatz *m*, **Geldersatzmittel** *n* вексель, (банковский) чек.

Geldflüssigkeit *f* обилие наличных денег, ликвидность денег.

Geldforderung *f* денежное требование.

Geldgeber *m* кредитор.

Geldgeschäft *n* денежная операция.

Geldhandel *m* купля-продажа денег.

Geldkapital *n* «денежный» капитал, т.е. капитал, дающий доход.

Geldkurs *m* (Syn.: Währungskurs *m*)валютный курс. Как правило, курс предложения, в отл. от курса спроса (*Angebotskurs m*), т.е. более низкий из этих двух курсов.

Geldmarkt *m* валютный (букв. «денежный») рынок. В ФРГ - это рынок краткосрочного денежного капитала, выполняющего функцию средств платежа, т.е. краткосрочные кредиты в денежной форме.

44

Geldmarktsätze *pl* процентные ставки (на валютном рынке).

Geldmenge *f* денежная масса.

Geldüberführung *f* перевоз денег.

Geldüberweisung *f* перевод денег по безналичному расчету.

Geldumlauf *m* денежное обращение.

Geldumsatz *m* денежное обращение.

Geldumtausch *m* обмен денег.

Geldverkehr *m* денежный оборот, денежное обращение.

Geldwechsel *m* **1.** размен денег; **2.** обмен (иностранной) валюты.

Geldwert *m* стоимость (курс) денег.

Geschäft *n*, **Geschäfte** *pl* в банковском деле: операция, операции. В более широком смысле: бизнес, дело, сделка, *см. Bank f, Bankgeschäft n.*

Geschäftsbanken *pl* букв. «деловые» (коммерческие) банки. Этим термином в ФРГ принято называть универсальные банки (**Universalbanken** *f*), исключая эмиссионные и специализированные учреждения. Общепринятым антонимом этого понятия является: *Spezialbanken f* (специализированные банки).

Geschäftsbericht *m* отчет о состоянии дел (акционерного общества).

Gewährleistungen *pl* гарантии, обеспечение, ручательства, поручительства.

Giro *n* (Syn.: Indossament *n*) жиро, индоссамент, передаточная надпись (на векселе),а также: жирооборот, безналичный расчет.

Giroeinlagen *pl* вклады на текущем счете, на жиро-счете.

Girogeschäfte *pl* операции по жирообороту, т.е. безналичные расчеты и платежи.

Girokonto *n* жиро-счет.

Giroverkehr *m* жирооборот (безналичный платежный оборот путем перечисления).

Girozentrale *f* жироцентраль (расчетная палата). В ФРГ : центральные кредитные учреждения сберегательных касс, осуществляющие большое число различных операций надрегионального платежного оборота сберегательных касс и др. функции.

Gläubiger *m* кредитор, заимодавец.

Global Treasury *f* [ˌgloubəl ˈtreʒəri] (engl.) термин, которым принято называть осуществляемые на мировом рынке операции с валютой, драгоценными металлами и банковскими билетами, а также глобальное управление ликвидностью.

Goodwill *m* [ˌgud ˈwil] (engl.) термин, обозначающий нематериальную цену фирмы, *см.Firmenwert m* цена фирмы.

Grundpfandrecht *n* залоговое право на земельные участки, залог недвижимого имущества.

Grundkredit *m* земельный кредит. В более узком смысле: кредит под недвижимость вообще, в более широком смысле: кредит под залог реальных ценностей, в т.ч. ценных бумаг, товаров. (Антоним: личный кредит *Personalkredit m*).

H

Haben *n* кредит, приход; **(das) Soll und (das)** ~ дебет и кредит, приход и расход; **etw. A für das** ~ **verwenden, etw. A in das** ~ **buchen** кредитовать счет; отнести (записать) в кредит.

Habenbestände *pl* (Syn.:Aktiva *pl*) авуары, кредиты, активы.

haften (für A) отвечать, нести ответственность (за кого-л., что-л.), ручаться, брать ручательство (за кого-л., что-л.); **für eine Schuld** ~ поручиться за долг.

Hafterklärung *f* гарантийное письмо.

Haftgeld *n* (Syn.:Draufgeld *n*) задаток.

Haftkapital *n* гарантированный капитал. Установленная акционерным обществом или коммандитным товариществом максимальная сумма, обеспечивающая гарантии акционеров или коммандитистов по долговым обязательствам созданных ими обществ.

Haftpflicht *f* ответственность. В ФРГ: обязательство должни-

ка возместить причиненный им ущерб; **solidare** ~ солидарная ответственность; **mit beschränkter Haftung**; с ограниченной ответственностью.

haftpflichtig ответственный.

Haftpflichtversicherung *f* гарантийное страхование. Вид страхования имущества, по которому страховое общество гарантирует защиту от притязаний третьих лиц по возмещению причиненного им ущерба.

Haftsumme *f* сумма гарантии (поручительства). Сумма, вносимая участниками общества с ограниченной ответственностью в качестве гарантийного (долевого) вклада в фонд общества.

Haftung *f* 1. материальная ответственность; 2. порука, гарантия; **Gesellschaft mit beschränkter Haftung (GmbH)**, Gesellschaft mit beschränkter Haftpflicht общество с ограниченной ответственностью (К° Лимитед).

Haftung für etw. с ручательством за что-л.

Haftungsbeschränkung *f* ограничение ответственности.

Haftungsgrenze *f* предел ответственности.

Handbestand *m* ручная сумма (небольшая сумма). Неболь-

47

шое количество чековых бланков, в т.ч. валюты и ценных бумаг, находящихся в непосредственном распоряжении банковской кассы для незамедлительного обслуживания клиентов.

Handel *m* 1. торговля; **auswärtiger** ~ внешняя торговля; **innerer (inländischer)** ~ внутренняя торговля; **überseeischer** ~ заокеанская торговля; **Groß-**~ оптовая торговля; **Abteilung** ~ торговый отдел (фирмы, учреждения); **den** ~ **begünstigen** благоприятствовать развитию торговли; 2. торговая операция, сделка; **einen** ~ **mit jdm. abschließen** m заключить торговую сделку с кем-л; **sich auf einen** ~ **mit jdm. einlassen** пойти на сделку с кем-л.

Handel per Erscheinen *m* торговля по появлении. Называется также «первичной торговлей на рынке» и «серым рынком» и означает торговлю облигациями и акциями в течение срока подписки, осуществляемую прежде всего между эмиссионными банками.

Handelsabkommen *n* торговое (коммерческое) соглашение.

Handelsagent *m* торговый агент, поверенный торговой фирмы.

Handelsagentur *f* торговое агенство.

Handelsartikel *m* предмет торговли, товар.

Handelsaustausch *m* товарообмен.

Handelsbank *f* (Syn.: Kommerzbank *f*, kommerzielle Bank *f*) коммерческий (торговый) банк.

Handelsbeirat *m* консультант по торговым операциям.

Handelsbilanz *f* торговый баланс. 1. сопоставление объемов ввозимых в страну и вывозимых из страны товаров в стоимостном выражении в течение одного года либо иного промежутка времени; 2. баланс, составленный в соответствии с принципами торгового права и нормами бухгалтерского учета.

Handelsbrief *m* 1. коммерческое письмо; 2. купчая.

Handelsbücher *pl* торговые книги.

Handelsdeputation *f* торговая комиссия.

Handelseffekten *pl* котируемые на бирже ценные бумаги.

handelsfrei разрешенный к продаже.

Handelsfreiheiten торговые привилегии.

Handelsgenossenschaft *f* торговое (акционерное) общество; торговое кооперативное товарищество.

Handelsgericht *n* коммерческий

суд.

Handelsgewohnheitsrecht *n* обычное право, применяемое при рассмотрении торговых операций.

Handelshochschule (HH) *f* высшая коммерческая школа.

Handelsklausel *f* торговая оговорка, торговая формула (напр., по условиям поставок).

Handelskorrespondenz *f* торговая переписка.

Handelskredit *m* коммерческий кредит.

Handelspartner *m* 1. компаньон, партнер по торговым сделкам; 2. контрагент (в торговых операциях).

Handelspräferenzen *pl* преимущественные условия (при торговых операциях между определенными странами либо фирмами этих стран, закрепленные в межгосударственных соглашениях).

Handelsrecht *n* торговое (коммерческое) право.

Handelsregister *n* реестр торговый. Реестр торговых фирм страны; **(eine Handelsfirma) ins ~ eintragen** регистрировать (торговую фирму).

Handelsrisiko *n* 1. торговый риск; 2. средства на покрытие торгового риска (при снижении цен на товары).

Handelssortiment *n* торговый ассортимент.

Handelsspanne *f* наценка. Разница между закупочной и продажной ценой, обеспечивающая покрытие издержек и прибыль.

Handelstransaktion *f* (Syn.: Handel) торговая операция.

handelsüblich стандартный, принятый в торговле, торгового качества.

Handelsvereinbarung *f* торговое соглашение.

Handelsverhandlungen *pl* торговые переговоры; **~ anbahnen** завязать (начать) торговые переговоры; **~ führen** вести торговые переговоры; **in ~ treten** войти в торговые переговоры.

Handelsvermittlung *f* торговое посредничество, посредничество в торговых операциях.

Handelsvertragsländer *pl* страны, связанные торговым договором.

Handelsvertreter *m* 1. представитель торговой фирмы; 2. торгпред, глава торгового представительства какой-л. страны.

Handelsware *f* готовые изделия, закупаемые промышленными предприятиями для комплектования продукции, выпускаемой ими.

Handelswechsel *m* торговый

(коммерческий) вексель. Вексель, имеющий товарное покрытие, т.е. основанный на сделках по продаже, покупке товаров и предоставлению услуг, пользованию услугами между экономическими субъектами.

Handelszettel *m* торговый (биржевой) бюллетень.

Händler - und Beraterregeln *pl* правила о торговле и консультациях. В ФРГ: законодательный акт, запрещающий кредитным учреждениям, производящим торговые операции с фондовыми ценными бумагами, рекомендовать не отвечающие интересам клиентов операции с ценными бумагами.

Händlersprache *f* коммерческий (профессиональный) язык.

Handlung *f* (здесь) торговое дело, торговля; **die ~ erlernen** учиться торговому делу.

Handlungsagent *m* (Syn.: Handelsvertreter *m*) коммивояжер, разъездной представитель торговой фирмы.

Handlungsgehilfe *f* торговый служащий.

Handlungsunkosten *pl* торговые издержки (издержки при совершении торговых операций).

Handlungsvollmacht *f* **1.** торго-

вые полномочия; **2.** торговая доверенность.

harte Währung *f* (Syn.: konvertierbare Währung, konvertible Währung) твердая (свободно конвертируемая) валюта, СКВ.

Hauptfiliale *f* (einer Bank) главный филиал (банка). Термин банковского дела в ФРГ, употребляется в отношении филиалов крупнейших банков на земельном уровне и в особо крупных городах.

Hausbank *f* внутренний банк учреждения, букв. «домашний банк». Банк, являющийся структурным подразделением крупного предприятия и осуществляющий его банковские операции.

Haushaltsansatz *m* бюджетное предложение.

Haushaltsausschuß *m* бюджетная комиссия.

Hausse *f* [´ho:sə] (frz.) бирж. повышение курсов ценных бумаг.

Haussespekulant *m* бирж. спекулянт, играющий на повышение, оссист.

Haussetendenz *f* бирж. повышательная тенденция.

haussieren (Syn.:haussen) играть на повышение.

HGB (Handelsgesetzbuch) *n* торговый кодекс (сборник законодательных актов ФРГ, регулирующих торговые операции).

Hilfe zur Selbsthilfe *f* букв. «помощь для самопомощи». Термин, обозначающий широко распространившееся во внешнеэкономической практике ФРГ явление оказания развивающимся странам либо странам бывшего социалистического лагеря такого рода экономической помощи (напр., строительство современных станкостроительных предприятий, внедрение компьютерного производства, создание системы обучения менеджеров и специалистов и т.д.), которая в дальнейшем может быть использована страной для самостоятельного развития экономики.

Hinterlegung *f* (Syn.: Deponierung *f*) внесение в депозит, депонирование.

Hinterlegungsvertrag *m* договор по депонированию.

Holding *f* (engl.) холдинг, холдинг-компания, холдинговое общество (от англ. *holding* «владеющий»). Акционерное общество, владеющее акциями других акционерных обществ, как банков, так и небанковских фирм, и осуществляющее контроль над их операциями. Прибыль от имеющихся во владении акций распределяется между акционерами Х.; при этом сама холдинг-компания, владеющая контрольными пакетами акций других обществ, может не осуществлять никакой деятельности.

Holdinggesellschaft *f* холдинговое общество, Holding.

Holschuld *f* обязательство, местом исполнения которого является местожительство должника.

Honorant *m* гонорант. В вексельном законодательстве лицо, которое в случае регресса по просроченному векселю принимает на себя обязательства должника.

Honorat *m* гонорат. Лицо, передающее свои долговые обязательства гоноранту.

honorieren *v* платить (по векселю), акцептовать (вексель).

horten *v* тезаврировать, сберегать (деньги дома).

Hortung *f* тезаврирование, сбережение денег (на дому). Чрезмерное накопление наличных денег предприятиями и частными лицами.

Hypothek *f* ипотека. Залог недвижимого имущества (гл. образом земли) с целью получения ссуды; **mit einer ~ belasten** обременять имущество ипотекой.

hypothekarisch ипотечный, залоговый.

Hypothekarkredit *m* ипотечный кредит.

Hypothekenbank *f* ипотечный банк, банк долгосрочных ссуд (под залог недвижимости).

Hypothekenbrief *m* ипотека, ипотечный акт, ипотечный документ.

Hypothekendarlehen *n* (Syn.: Hypothekardarlehen *n*) ипотечная ссуда, ссуда под недвижимое имущество.

hypothekenfrei свободный от ипотеки, незаложенный (о недвижимом имуществе).

Hypothekengläubiger *m* ипотечный кредитор.

Hypothekenregister *n* ипотечный реестр. Ведущийся банком список предоставленных клиентам ипотечных кредитов.

I

Illiquidität *f* неликвидность, неплатежеспособность.

Immobiliarkredit *m* (Syn.: Realkredit *m*) кредит под недвижимость, ипотечный кредит.

Immobilien *pl* недвижимое имущество, недвижимость.

Immobiliengeschäfte *pl* операции с недвижимостью.

Indossament *n* (Syn.:Giro *n*) индоссамент, передаточная надпись на векселе.

Inkasso *n* 1. инкассо; 2. инкассация, получение платежа, взыскание долга.

Inkassoakzept *n* «инкассовый акцепт». Акцепт банка клиенту, на счет которого следует ожидать поступлений.

Inkassogeschäft *n* «инкассовая

операция», операция по получению платежей.

Innovationsmanagement *n* инновационный менеджмент. Предпринимательские мероприятия и действия руководства фирмы, направленные на успешный выход на рынок с новым товаром.

institutionelle Anleger *pl* институциональные вкладчики.

Interbankengeschäft *n* межбанковская операция.

Investment *n* (engl.) (Syn.: Geldeinlage *f*) вложение денег, помещение капитала. Особая форма инвестирования денег посредством инвестиционной компании (*Investmentgesellschaft, Kapitalanlagegesellschaft f*).

Investmentbank *f* инвестиционный банк. Банк, в основном специализирующийся на эмиссии ценных бумаг, др. операциях с ними,в отл. от депозитных и кредитных банков.

J

Jahresabschluß *m* **1.** годовой баланс, *Bilanz* *f*; **2.** конец (финансового года).

Jahresabschlußanalyse *f* анализ годового баланса.

Jahresabschlußprüfung *f* проверка годового баланса.

Jahresabschnitt *m* годовой купон, годовой талон (облигации).

Jahresbeitrag *m* ежегодный денежный взнос.

Jahresbilanz *f* (Syn.:Jahresabschluß *m*) годовой баланс.

Jahresgewinn *m* годовой доход.

Jahresleistung *f* годовая производительность, выработка.

Jahrespauschale *f* общая (паушальная) годовая сумма.

Jahresprofitanteil *m* годовой дивиденд.

Jahreszinsen *pl* годовые проценты.

J/J «Йот-йот».Применяемая в банковском деле ФРГ аббревиатура, обозначающая выплату процентов по вкладам раз в полгода - 2-го января и 1-го июля.

Jobber *m* (engl.) джоббер (англ.), бирж. Свободный биржевой маклер, дилер, Dealer *m*,

не имеющий права заключать сделки непосредственно с клиентом; как и дилер, осуществляет операции по купле-продаже ценных бумаг только за собственный счет.

Joint Stock Corporation *f* [ˌdʒɔɪnt ˈstɔk ˌkɔːpəˈreɪʃn] (engl.) (Syn.: Aktiengesellschaft *f*, AG) акционерное общество.

Joint-venture *m* [ˌdʒɔɪnt ˈventʃə] (engl.) совместное предприятие (джойнт венчур).

junge Aktien *pl* новые (дополнительно выпущенные) акции, букв. «молодые акции». (Антоним: «старые акции») - акции, вновь выпускаемые акционерным обществом при увеличении его капитала.

Junk Bonds *pl* [ˌdʒʌŋk ˈbɔndz] (engl.) «джанк бондз» (англ.) «бросовые облигации». Приносят большие проценты, но очень рискованные облигации, которые рейтинговые агенства отказываются классифицировать как *Investment Quality Papers* *pl* (бумаги качественного помещения капитала).

Junktimgeschäft *n* компенсационная сделка особого рода, когда встречная сделка предшествует основной сделке.

juristische Person *f* юридическое лицо; организация, действующая как правовая единица.

K

Kapital *n* капитал. В ФРГ различают след. виды капитала: **1.** предпринимательский капитал (*Unternehmungskapital n*) т.е. средства финансирования предприятия; **2.** в кредитном деле -долгосрочные денежные накопления, а также акции, облигации, ипотеки и т.п.; **3.** реальный капитал, «вещной» капитал (*Realkapital n, Sachkapital n*) или народнохозяйственный капитал (*volkswirtschaftliches Kapital n*); **4.** собственный капитал (*Eigenkapital n*) акционерного общества или общества с ограниченной ответственностью.

Kapitalanlage *f* (Syn.: Investition *f*) капиталовложение, инвестиция.

Kapitalanlagegesellschaften *pl* инвестиционные компании (*Investmentgesellschaften pl*) - компании, специализирующиеся на том, что вложенные в них денежные средства от собственного имени и в общих интересах вкладчиков они инвестируют в ценные бумаги или в землю и другую недвижимость, причем эти вложенные средства не смешиваются с имуществом самой инвестиционной компании.

Kapitalbilanz *f* баланс капитала. Сальдо в результате краткосрочного и долгосрочного экспорта и импорта капитала.

Kapitalgesellschaft *f* (Syn.: Aktiengesellschaft *f*) акционерная компания.

Kapitalmarkt *m* **1.** денежный рынок; **2.** рынок долгосрочного кредита. В ФРГ характерно отличается от валютного (денежного) рынка, *Geldmarkt m,* являющегося рынком краткосрочного денежного капитала.

Kapitalübertragung *f* трансферт капитала.

Kapitalvorschuß *m* авансированный капитал.

Kapitalwert *m* совокупный капитал.

Kassageschäft *n* сделка за наличный расчет; кассовая, контактная сделка.

Kasse *f* **1.** наличность, наличные деньги (в банке); **2.** отдел кредитного учреждения, занимающийся всем наличным оборотом.

Kassenabschluß *m* заключение счетов по кассе.

Kasse(n) bestand *m* денежная наличность кассы, остаток (в кассе).

Kassenkredit *m* «кассовый кредит». В ФРГ : краткосрочный кредит банка государственному учреждению, предоставляемый в связи с задержками денежных поступлений.

Kaution *f*, meist **Kautionen** *pl* поручительства, залоги, обеспечение; ~ **en auf Sicht** бессрочные поручительства; ~ **en auf Zeit** срочные поручительства.

Kautionseffekten *pl* залоговые ценные бумаги.

Kautionssumme *f* залоговая сумма.

Kommission *f* комиссия, комиссионное вознаграждение.

Kommissionär *m* комиссионер, посредник, торговый агент.

Kommissionsgeschäft *n* комиссионная сделка. Общепринятая в ФРГ форма выполнения поручения клиента по покупке или продаже ценных бумаг банком.

Kommunalanleihen *pl* коммунальные займы (т.е. займы городов, общин или объединений общин).

Kommunaldarlehen *n* коммунальная ссуда (коммунальный кредит).

Kommunalobligation *f*, **Kommu-** nalobligationen *pl* коммунальные облигации. В ФРГ - облигации, призванные погашать ссуды, предоставленные общественно-правовым корпорациям или же третьим лицам, но под гарантии общественно-правовых корпораций.

Komptantgeschäft *n* см. Kassagegeschäft *n*.

Konkurs *m* несостоятельность, банкротство.

Konkursanfechtung *f* оспаривание (кредиторами) сделок несостоятельного должника.

Konkursdividende *f* квота удовлетворения конкурсных кредиторов.

Konkursmasse *f* конкурсная масса, имущество несостоятельного должника.

Konnossement *n* (Syn.: Seefrachtbrief *m*) коносамент, фрахтовое свидетельство.

konsolidierte Bilanz *f* консолидированный (объединенный) баланс.

Konsolidierung *f* (oder Konsolidation *f*) консолидация.

Konsortialkredit *m* кредит, предоставляемый банковским консорциумом.

Konsortium *n* консорциум (образуемый банками в целях совместного осуществления определенной операции).

Konto *n* счет (банковский счет:

56

Bank(o)konto n); **laufendes ~** текущий счет; **persönliches ~** лицевой счет; **ein ~ eröffnen** открыть счет; **auf ein ~ überweisen** перевести на текущий счет.

Kontokorrent *n* контокоррент, контокоррентный счет. В ФРГ: текущий счет в банке, ведение которого регулируется в установленном законом порядке.

Kontokorrentkredit *m* контокоррентный кредит. Кредит по текущему счету, обеспеченный главным образом залогом ценных бумаг, товаров, недвижимости, а также поручительствами и т.п.

Kontoüberziehung *f* превышение счета, перерасход средств на счете.

Konversion *f* конверсия. Превращение ранее выданного займа в новый, как правило, на других условиях и под другие проценты.

Konvertierung *f* конвертирование (валюты); проведение конверсии (займа).

Korrespondenzbank *f*, **Korrespondenzbanken** *pl* корреспондентские банки. Иностранные банки, с которыми отечественный банк поддерживает постоянные отношения.

Kredit *m* кредит. В ФРГ :

1. доверие к способности лица или предприятия своевременно и точно выполнить свои долговые обязательства; **2.** процесс передачи капиталов кому-л. (напр., предоставление кредита); **3.** сумма, предоставленная кому-л. в кредит.

Kreditabteilung *f* отдел кредита в (банке).

Kreditakquisition *f* аквизитация (привлечение) кредитов.

Kreditbank *f*, **Kreditbanken** *pl* кредитные банки. Частные банки, занимающиеся главным образом краткосрочными кредитными операциями.

Kreditbrief *m* (engl.- letter of credit, Syn.: Akkreditiv *n*) аккредитив. Распоряжение одному или нескольким банкам выплатить указанному лицу сумму в указанных в аккредитиве размерах.

Kreditdauer *f*, **Kreditfrist** *f* срок, на который предоставлен кредит.

Kredite für Festgeldanlagen *pl* кредиты для срочных вкладов.

Kredite für Treuhandanlagen *pl* кредиты для доверительных вкладов.

Krediterleichterung *f* предоставление льгот по кредиту.

Krediteröffnung *f* открытие кредита.

Kreditfähigkeit *f* (Syn.: Zahlungsfähigkeit *f*) кредитоспособность. В ФРГ: правомочность физического или юридического лица брать на себя обязательства по кредиту с точки зрения вытекающих из этого правовых последствий.

Kreditfazilität *f*, **Kreditlinie** *f* кредитная линия. Размеры предоставления кредита.

Kreditgeschäfte *pl* (Sg Kreditgeschäft *n*) кредитные операции.

Kreditgewährung *f* предоставление кредита, кредитование.

Kreditinstitute *pl* (Kreditinstitut *n*) кредитные учреждения. В ФРГ: собирательный термин для обозначения банков и сберегательных касс. Может, однако, применяться и как синоним понятия «банки».

Kreditmarkt *m* рынок кредитов. В ФРГ: не ограниченный ни во времени, ни в пространстве рынок, на котором продается денежный капитал и приобретаются права на капитал.

Kreditnehmer *m* заемщик.

Kreditor *m* (Syn.:Kreditgeber, Gläubiger *m*) кредитор, заимодавец.

Kreditprovision *f* комиссионные, вознаграждение (за риск, связанный с кредитными операциями).

Kreditprüfung *f* проверка заемщика на кредитоспособность и доходность его предприятия с точки зрения предоставления или непредоставления ему кредита.

Kreditrisiko *n* «кредитный» риск; риск, связанный с кредитными операциями.

Kreditsicherung *f* обеспечение кредита, гарантия кредита.

Kreditsperre *f* кредитная блокада.

Kreditversicherung *f* кредитное страхование.

Kreditvertrag *m* кредитный договор (между заемщиком и кредитором).

Kreditvolumen *n* объем (размер) кредита.

Kreditwürdigkeit *f* букв.«кредитное достоинство» (заемщика). Изучение банком финансовых и балансовых ведомостей и отчетов потенциального клиента с целью установления истинных размеров его дохода, а следовательно, перспектив своевременного возмещения кредита. Не путать с кредитоспособностью, *Kreditfähigkeit f*.

Kreditzusage *f* согласие (банка) на предоставление кредита; **unwiderrufliche ~** *f* обязательное (т.е. не подлежащее отмене) согласие на предоставление кредита.

Kundenberatung *f* консультирование клиентов (банка).

Kundeneinlagen *pl* (Sg Kundeneinlage *f*) вклады клиентов (в банке).

Kundengeschäfte *pl* (Sg Kundengeschäft *n*) операции (банков и бирж) с участием клиентов (или по поручению клиентов).

Kurantgeld *n* находящиеся в обращении (имеющие хождение) деньги.

Kurs *m* курс. В ФРГ - рыночная цена ценных бумаг, валюты или товаров, продающихся на бирже.

Kursabschlag *m* понижение курса.

Kursanstieg *m* повышение курса.

Kursbewegung *f* движение курса.

Kursgewinn *m* «курсовая прибыль», т.е. разница между курсом покупки и более высоким курсом продажи ценных бумаг на бирже.

Kurs-Gewinn-Verhältnis *n* соотношение «курс-прибыль» (в США : *Price-Earnings-Ratio, PER*). Соотношение, показывающее на какую прибыль в расчете на одну акцию можно рассчитывать при продаже акций на бирже.

Kursindex *m*, **Kursindizes** *pl* курсовой индекс.

Kursregulierung *f* регулирование курса; усилия банка, направленные на то, чтобы курс какой-л. ценной бумаги не упал ниже определенной отметки.

Kursrisiko *n* «курсовой риск».

Kursschwankung *f* колебание курса.

Kurssicherung *f* «курсовая гарантия», гарантия от курсовых потерь при международных расчетах и колебаниях валютных курсов.

Kursverlust *m* «курсовая потеря», т.е. отрицательная курсовая разница.

Kurswert *m* курсовая цена.

Kurszettel *m* биржевой бюллетень, курсовая таблица.

Kurtage *f* куртаж, *Courtage f.*

kurze Sicht *f* букв. «краткий срок», т.е. краткосрочность, краткость какой-либо операции.

kurzfristige Kredite *pl* краткосрочные кредиты. В ФРГ : 1. в общем и целом - кредиты сроком менее четырех лет; 2. в статистике Федерального Банка ФРГ - кредиты сроком до одного года.

KW (Kreditanstalt für Wiederaufbau *f*) «Кредитная организация для восстановления». Гос. инвестиционный банк ФРГ, а также основной исполнительный орган, ведающий осуществлением двусторонней экономической помощи ФРГ развивающимся странам.

L

Ladeschein *m* (Syn.: Konnossement *n*) транспортная накладная, коносамент.

Länderrisiko *n* риск страны, политический риск. Опасность потерь при иностранных инвестициях, предоставлении иностранных кредитов и осуществлении экспортных поставок ввиду нестабильных экономических и политических условий в стране целевого назначения.

Landesbank *f* банк на земельном уровне (т.е. действующий в пределах одной федеральной земли ФРГ) и относящиеся к его системе коммунальные кредитные учреждения.

lange Sicht *f* : **ein Wechsel auf ~** долгосрочный вексель.

langfristig долгосрочный; **~ e Anleihe** *f* долгосрочный заем; **~ er Kredit** *m* долгосрочный кредит.

Lastschrift *f* расчет плановыми платежами. Вид безналичного платежа, при котором плательщик уполномочивает получателя платежа перио-

дически снимать у него со счета постоянную либо меняющуюся сумму за оказание каких-л. услуг либо выполнения каких-л. работ.

LBO (Leveraged Buyout) [ˌliːv(ə)rɪdʒd baɪˈaut] (engl.) ЛБО, «ливеридж байаут» (англ.), букв. «рычажный выкуп» (покупка). Поглощение одного акционерного общества (предприятия) другим. Финансирование осуществляется через получение банковских кредитов либо посредством выпуска «бросовых облигаций» (Junk Bonds *pl*). При этом активы приобретаемого предприятия выступают в качестве гарантии.

Leasing *n* (engl.) лизинг (англ. *leasing* - «аренда»). Долгосрочная аренда основных средств производства. В практике применяются разнообразные формы Л. В целом Л. можно квалифицировать как особую форму арендного соглашения, при которой арендатор по окончании лизингового контракта становится владельцем арендованного имущества.

Lead-Manager *m* (engl.) «лид-менеджер» (англ.). Ведущий менеджер - руководитель банковского консорциума.

Leeraktien, meist *pl* пустые акции. Не полностью обеспеченные акции акционерного общества, которое выпускает также и полностью обеспеченные акции.

Leerposition *f* пустая позиция. Позиция в балансе банка, в которой не указана сумма.

Leerwechsel *m* (Syn.: Finanzwechsel *m*) букв. «пустой вексель». Вексель, не основанный на товарных сделках. Синонимы: финансовый В., дружеский В., бронзовый В.

leichte Papiere *pl* букв. «легкие бумаги», акции с низкой котировкой курса.

Leihanstalt *f* (Syn.: Lombard *m*) ломбард. Кредитное учреждение, ссужающее деньги под залог движимого имущества.

Leihe *f* 1. ссуда; **2.** договор о предоставлении имущества в безвозмездное пользование.

Leistungsbilanz *f* баланс производства. Раздел общего баланса предприятия. Включает показатели движения доходов от внешней торговли, производства, услуг и перераспределения доходов; не включает баланса капитала.

Leitwährung *f* основная валюта. **1.** валюта государства, по отношению к которой другие государства в своих внешнеэкономических операциях поддерживают твердый курс внешних валют; **2.** валюта, имеющая универсальное (мировое) значение (в настоящее время является синонимом доллара США).

Liabilities *pl* [ˌlaɪə´bɪlɪtɪz] (engl.) (Syn.: Passiva *pl*) пассивы (употребляется обыкновенно в сочетании: *Assets and Liabilities pl; A & L* т.е. активы и пассивы).

Liberalisierung *f* либерализация. Снятие государственных ограничений на количество и стоимость ввозимых товаров в целях восстановления в стране рыночных отношений на современном международном уровне.

LIBOR («London Interbank Offered Rate») *m* (engl.) ЛИБОР (англ. аббревиатура, букв. «Лондонская межбанковская ставка предложения»). Средняя процентная ставка, по которой банки в Лондоне предоставляют ссуды в евровалютах первоклассным банкам путем размещения у них депозитов; один из важнейших показателей в структуре процентных ставок международного рынка ссудных капиталов.

Lieferantenkredit *m* потребительский кредит. Кредит, предоставляемый поставщиком товара своему клиенту (потребителю); распространенная с давних пор форма финансирования товарооборота, призванная обеспечивать более интенсивное потребление товаров и услуг.

Lieferungssperre *f* эмбарго на размещение. Законоположение, запрещающее эмитентам вновь выпущенных ценных бумаг распределять их между подписчиками до прошествия определенного срока, с тем, чтобы последние не могли сразу же выпустить их на биржу и тем самым сбить их курс.

Limited, Ltd (engl.) (Syn.:mbH, GmbH) с ограниченной ответственностью.

Liquidation *f* ликвидация, прекращение деятельности фирмы, банка.

Liquidationsbilanz *f* ликвидационный баланс.

Liquidationskommission *f* ликвидационная комиссия.

Liquidität *f* ликвидность; реализуемость. 1. способность субъектов экономики обеспечить своевременное выполнение своих платежных обязательств (синоним - «платежеспособность»); 2. способность объекта имущества самому выступать в роли платежного средства либо незамедлительно превра-

щаться в таковое.

Liquiditätsbilanz *f* баланс ликвидности. Баланс, составляемый банком (предприятием) для обнародования своей ликвидности, чаще всего в форме финансового плана.

Liquiditätspolitik *f* ликвидная политика (банка).

Liquiditätspräferenz-Theorie *f,* (engl.: liquidity-preference-theory) теория ликвидной преференции, теория предпочтения ликвидности. Введенная М. Кейнсом теория нормы процента с капитала, излагающая принципы эффективного определения процента по ценным бумагам с учетом психологически обусловленной, распространенной тенденции к накоплению наличности и краткосрочным вкладам.

Liquiditätsreserven *pl* ликвидные резервы. Средства кредитного учреждения, требуемые для поддержания его постоянной платежеспособности при нормальном ведении банковских операций.

Lohn *m* заработная плата (постоянная), заработок. Это выражение употреблялось, как правило, в отношении работников физического труда; в последнее время употребляется в отношении всех наемных работников.

Lohn-und Gehaltskonto *n* счет заработной платы. Форма банковского счета, на который вносится заработная плата работополучателей.

Lohnabzug *m* вычет из заработной платы.

Lohnerhöhung *f* повышение заработной платы.

Lohnpfändung *f* наложение ареста на заработную плату должника.

Lohnsenkung *f* снижение заработной платы.

Lohnspreizung *f* «ножницы» в заработной плате, разница в оплате в зависимости от профессиональной категории и профессионального уровня.

Lohnstopp *m* замораживание заработной платы.

Lohnzuschlag *m* надбавка к заработной плате.

Lombard *m* ломбард. 1. Leihanstalt *f*; 2. В ФРГ: пай клиента в банке в ценных бумагах или вещах.

Lombardeffekten *pl* ломбардные фонды. 1. принятые банком в заклад ценные бумаги; 2. ценные бумаги, которые могут быть заложены в банке под ссуду.

lombardieren *v* 1. закладывать, отдавать в заклад что-л.; 2. давать (ссуду) под заклад.

Lombardkredit *m* ломбардный кредит.

Lombardpolitik *f* ломбардная политика. Часть кредитноденежной политики, предоставление или отказ в предоставлении ломбардного кредита (облагается определенным ломбардным процентом).

Lombardsatz *m* (Syn.: Lombardzinsfuß *m*) ломбардный процент.

Lombardzinsfuß *m* ломбардная процентная ставка. Определяемая эмиссионным банком процентная ставка за предоставление ломбардных кредитов.

Loroeffekten *pl* (Ant.: Nostroeffekten *pl*) фонды «лоро», ценные бумаги «лоро» - фондовые ценные бумаги банка, принадлежащие третьим лицам.

Lorokonto *n* счет «лоро». Счет, открываемый банком своим банкам-корреспондентам, на который вносятся все суммы, получаемые или выдаваемые по их поручению.

Löschung *m* аннулирование, погашение; ~ **einer Hypothek** погашение ипотеки (в поземельной книге).

Löschungsvermerk *m* отметка о погашении права на недвижимость в поземельной книге.

Ltd (Limited) лимитед.

M

Make or Buy [ˌmeɪk ɔ: ˈbaɪ] (engl.) букв. «производить или покупать». Необходимость принятия решения руководством фирмы о том, производить ли данное изделие (услугу) на своей фирме, или же купить его.

Maklergebühr ƒ (Syn.: Maklerlohn *n*) комиссионные маклера, куртаж, провизия.

Maklergeschäft *n* маклерское дело, маклерская сделка.

Management-Buyout *n* [ˌmænədʒmənt baɪˈaut] букв. «распродажа через менеджмент». Процедура приобретения одной компании другой, осуществляемая на уровне руководства. В случае кредитного финансирования носит название: *Leveraged Management-Buyout - LBO.*

Marge ƒ [-з-] маржа. Разница между ценой продажи и ценой покупки, между запланированной и фактической процентой ставкой и т. п.

Market Maker *m* [ˌma:kɪt ˈmeɪkə] (engl.) торговый посредник.

Коммерсант, готовый в любой момент по запросу приобрести определенный товар (в особенности ценные бумаги), либо немедленно продать товар по названному им курсу.

Marketing *n* [ˈma:kətɪŋ] (engl.) маркетинг. В ФРГ: направленность всех усилий и решений руководства фирмы на удовлетворение потребностей фактических или потенциальных клиентов, на успешный сбыт, на создание препочтительных условий для своих клиентов и, вследствие этого, повышение своей конкурентоспособности. Наконец, это использование маркетинговых инструментов.

Marketing und Vertrieb (M & V) «маркетинг и сбыт» - название соответствующего отдела на фирме.

Merchant Banks *pl* [ˌmə:tʃənt ˈbæŋks] (engl.) торговые банки. Банки, занимающиеся финансированием внешней торговли, а также (сегодня в меньшей степени, чем раньше) импортно-экспортными операциями.

Mindesteinlage ƒ минимальный вклад.

Mindestgebot *n* минимальное предложение.

64

Mindestkapital *n* минимальный капитал. В ФРГ: установленная законом минимальная сумма собственного капитала, которую обязана иметь акционерная компания, а также общество с ограниченной ответственностью.

Mindestreserve *f* минимальный резерв, англ.: *«minimum reserve requirement»*. В ФРГ: те счета, которые кредитные учрежде-

ния обязаны иметь в центральном банке.

Monetarismus *m* монетаризм. Теория, объясняющая изменения конъюнктуры и подразумевающая, что изменения конъюнктуры в народном хозяйстве зависят исключительно от различного рода эффектов, происходящих с денежной системой.

M & V см. *Marketing und Vertrieb*.

N

Nachbörse *f* бирж. кулиса, неофициальная биржа - проведение операций и сделок после закрытия биржи или с официально не котирующимися бумагами.

Nachbürgschaft *f* последующее поручительство. Гарантия лица или предприятия, поручившегося за поручителя.

Nachindossament *n* последующий индоссамент. Передаточная надпись, проставляемая на векселе после наступления срока платежа по нему.

Nachlaßgläubiger *m* кредитор наследователя.

Nachlaßkonkurs *m* несостоятельность наследственной массы.

Nachlaßpflegschaft *f* попечительство над наследственным имуществом.

Nachlaßsteuer *f* наследственная пошлина, налог на наследство.

Nachlaßverbindlichkeit *f* долг, обременяющий наследство.

nachrangige Anleihen *pl* устойчивые заемные средства. Займы, которые при подсче-

те юридически отрегулированных потребностей банка в капитале и резервах могут быть отнесены к разряду собственных средств. В ФРГ У.З.С. в соответствии с законом могут достигать 25% общей банковской потребности в капитале и резервах (букв. - «второразрядные» заемные средства).

Nachschuß *m* доплата, добавочная выплата.

Nachsichtwechsel *m* вексель, подлежащий оплате через определенный срок после предъявления.

Namensaktie *f* именная акция. Акция, на которой проставлено имя владельца.

Namenspapier *n* именная ценная бумага.

Naturaldarlehen *n* натуральная ссуда. Выдаваемая залоговыми учреждениями ипотечная ссуда не наличными, а в форме залоговых свидетельств, которые заемщик должен продать сам либо прибегнуть для осуществления продажи к посредничеству банка.

Nebenwerte *pl* букв. «побочные ценности», второстепенные ценные бумаги - акции средних и мелких предприятий, не пользующиеся общей известностью и находящие спрос преимущественно на местном и региональном уровне.

Negativerklärung *f* (Syn.: Negativklausel *f*) негативное (отрицательное) заявление. Заявление, даваемое получателем кредита кредитодателю и выражающее его намерение не обременять долговыми обязательствами перед другими кредитодателями свободную от таких обязательств часть его имущества.

Negotiation *f*, **Negoziation** *f* негоциация. В ФРГ : продажа ценной бумаги, в особенности размещение государственного займа, перенимаемого банком или консорциумом банков.

Nennwert *m* номинальная стоимость, номинал, нарицательная стоимость (ценной бумаги).

netto нетто, **dieser Bankangestellte verdient 3000 DM** ~ этот банковский служащий получает 3000 немецких марок чистыми (в руки).

Nettobetrag *m* сумма нетто (после вычетов).

Nettoeinnahme *f* (Syn.: Nettoertrag *m*) чистый доход, чистая выручка.

Nettokasse *f* оплата наличными (без отсрочки).

Nettokurs *m* бирж. фактичес-

кий курс.

Nettovermögen *n* фактическое (наличное) состояние (напр., должника).

Niederlassung *f* (Syn.: Bankfiliale *f*) филиал. Употребляется для обозначения банковского филиала либо отраслевого отделения банка.

Nominaleinkommen *n* номинальный доход; доход в денежном выражении.

Nominalkapital *n* номинальный капитал. **1.** имеющийся в распоряжении фирмы, банка капитал, зарегистрированный как собственный капитал ; **2.** весь основной капитал акционерного общества.

Nominalwert *m* (Syn.: Nennwert *m*) номинальная стоимость, номинал.

nominell «номинальная». Биржевой термин для обозначения номинальной стоимости ценной бумаги.

Nonvaleur *m* [nɔ̃valør] (frz.) обесцененная бумага (акция).

Nostroeffekten *pl* (Ant.: Loroeffekten *pl*) фонды «ностро». Ценные бумаги, находящиеся в собственности кредитного учреждения. (Антоним: фонды «лоро»).

Nostroguthaben *n* актив «ностро».

Nostrokonto *n* счет «ностро», ностро-конто. Счет данного

67

кредитного учреждения у банка - корреспондента, на котором отражаются взаимные платежи.

Note *f* (Syn.:Banknote *f*) банкнот, банковский билет, (денежная) купюра; **gefälschte ~n** фальшивые деньги; **eine größere ~** крупная купюра;**eine ~ über 100 DM** банковский билет достоинством в 100 немецких марок; **~n ausgeben** выпускать банкноты, производить эмиссию банкнот; **~n außer Kurs setzen** нуллифицировать бумажные деньги; **~n einziehen** изымать из обращения банкноты.

Notenausgabe *f* эмиссия, выпуск банкнот.

Notenbank *f* эмиссионный банк.

Notendruck *m* печатание денег, эмиссия.

Notenkontingent *n* эмиссионный контингент (фидуциарной) эмиссии. Законодательно установленная максимальная сумма (общий лимит), на которую эмиссионный банк может выпускать банкноты.

Notenpresse *f* печатный станок.

Notenumlauf *m* обращение банкнот.

Notes *pl* (engl.) «ноутс» (англ.). Ценные бумаги иностранных эмитентов, распространение без проведения подписки и без котировки на биржах.

notiert werden котироваться; **die Aktien dieser Firma werden mit 250 Dollar ~** акции этой фирмы котируются по 250 долларов.

Notierung *f* котировка, курс (ценных бумаг).

notleidender Wechsel *m* просроченный вексель.

Nutzungsdauer *f* срок использования, срок амортизации.

Nutzungsrecht *n* право получения дохода (с какого-л. имущества).

O

Offenbarungseid *m* (Eidesstattliche Versicherung *f*) показания должника в суде под присягой о своем иммущественном положении. В ФРГ:1. средство доказательства в различных судебных и административных разбирательствах; **2.** в процессуальном праве: в случае необходимости принудительного взыскания долга под присягой берутся показания должника о его имуществе; **3.** в гражданском праве: подтверждение правильности составления описи имущества.

öffentliche Banken *pl* букв. «общественные» банки. В ФРГ: банки, созданные и эксплуатирующиеся государством или публично - правовыми корпорациями.

öffentliche Finanzhilfe *f*, meist **öffentliche Finanzhilfen** *pl* общественная (публичная, государственная) финансовая помощь, т.е. официальные (государственные) программы кредитования.

öffentliche Hand *f* букв.«общественные руки», т.е. «находящийся в общественных руках». В ФРГ - обозначение государственного имущества: собственности федерации, земель и общин, а также других публично-правовых корпораций, но не тех предприятий, в которых государство имеет лишь долевое участие.

öffentlicher Haushalt *m* meist **öffentliche Haushalte** *pl* государственный бюджет, государственная казна, фиск.

Offerte *f* оферта, предложение.

offizieller Markt *m* (der Wertpapiere) официальный рынок (ценных бумаг).

offset account (engl.) [´ɔfsət ə´kaunt] (Syn.: Verrechnungskonto *n* für Devisen) расчетный счет, счет отечественного эмиссионного банка в иностранной валюте.

Option *f* опцион (букв. «свободный выбор»). 1. право выбора способа, формы, объема, техники исполнения обязательства, предоставленное одной из сторон условиями договора, или право отказа от исполнения обязательства при обстоятельствах, обусловленных договором; 2. соглашение, которое предоставляет одной из сторон в биржевой сделке купли-продажи право выбора между альтернативными условиями договора.

Optionsanleihen *pl* опционные займы. Это облигации, владелец которых в течение строго установленного срока имеет право-опцион на приобретение акций в соответствии с заранее (еще до выпуска облигаций) установленным соотношением к номинальной стоимости облигаций.

Optionsdarlehen *n* опционная ссуда. Краткосрочный или среднесрочный инвестиционный кредит с возможностью последующего изменения его условий.

Optionsgeschäft *n*, **Optionsgeschäfte** *pl* опционные операции. В ФРГ: это распространенная форма биржевых срочных операций с ценными бумагами. Покупатель опциона в течение установленного срока (*Optionsfrist f*) может потребовать от продавца предоставления ему определенного количества ценных бумаг по базовой цене; но может и не воспользоваться этим правом. По завершении О. операции покупатель выплачивает продавцу определенную сумму, так наз. *Optionspreis m*.

Optionspreis *m* букв. «опционная цена, цена опциона». **1.** свободно устанавливаемая стоимость продаваемых и покупаемых на бирже опционов; **2.** стоимость приобретения акций для владельца опционных займов.

Optionsschein *m* «опционный документ». Опционное право, вытекающее из опционных займов, рассматривающееся отдельно от данных займов и фиксирующееся в опционном документе.

Order *f*, **Orderklausel** *f* оговорка на оборотном документе.

Orderpapier *n* оборотный документ. Ценная бумага, эмитент которой обязуется оказать какую-л. услугу определенному лицу, либо тому, кого назовет это лицо.

Orderscheck *m* ордерный чек.

overbanked (engl.) (Syn.: überbankt) [ˌouvə'bæŋkt] «перенасыщенный банками».

P

Paket *n* (Syn.:Aktienpaket *n*) пакет (акций).

Pakethandel *m* торговля пакетами акций.

Paketzuschlag *m* надбавка за пакет (акций). Налоговая надбавка за владение пакетом акций, прибавляемая при исчислении суммы налогообложения владельцев акций.

Papier *n*, meist **Papiere** *pl* ценная (-ые) бумага (и); ~ **zu Geld machen** продавать акции.

Papiergeld *n* бумажные деньги.

Papierwährung *f* бумажная валюта. Любая валюта, официальным платежным средством которой являются бумажные денежные знаки.

pari (ital.) бирж. альпари, по номинальной стоимости; **über (unter)** ~ выше (ниже) номинальной стоимости.

Pari *n* достоинство (монет); номинальный курс (ценных бумаг).

Pari-Emission *f* альпари-эмиссия, выпуск ценных бумаг по праву, соответствующему номинальной стоимости.

Parikurs *m* номинальный курс (ценных бумаг).

Parität *f* паритет, равноценность. 1. курс ценных бумаг, составляющий 100% их номинальной стоимости; 2. соотношение между валютами разных стран.

partialisches Darlehen *n* парциальная ссуда; долевая ссуда. Предоставляемая банком предприятию ссуда, по которой кредитор (т.е. банк) получает не фиксированные проценты, а определенные отчисления от прибыли предприятия.

Partly-paid Anleihe *f* [´pɑːtlɪ ˌpeɪd-] (engl.) заем траншами. Заем (как правило, облигационный), выпускаемый не сразу, а двумя или несколькими сериями, траншами, *Tranche f*.

Passiva *pl* 1. пассив (-ы); 2. долги, обязательства.

Passivgeldbestand *m* пассивные средства, находящиеся в наличии банка.

Passivgeschäft *n* пассивная банковская операция. Операция, посредством которой банк формирует свои ресурсы для проведения активных операций, *Aktivgeschäft n*.

Passivhandel *m* торговля с пассивным балансом.

Passivsaldo *m* пассивное сальдо.

Pauschalbetrag *m* паушальная (общая) сумма (без дифференцирования отдельных составляющих ее частей).

Pauschalpreis *m* паушальная цена.

Pay-Day *m* (engl.) «пэй - дэй» (англ.). День исполнения долговых обязательств по срочной сделке.

Personalaufwand *m* издержки на содержание персонала. В ФРГ этот термин особенно часто встречается в определенном контексте, характеризующем «чрезмерно раздутые штаты», «непомерное штатное расписание», когда речь идет о рационализации рабочих мест в процессе приватизации государственных предприятий бывшей ГДР.

Personalkredit *m* персональный кредит («личный» кредит). Банковский кредит, предоставляемый без требования необходимых гарантий при достаточной осведомленности о материальном положении, деятельности фирмы, либо в силу личной известности клиента.

Personenrechte *pl* личные (имущественные) права.

Pfand *m* залог; **etw. A gegen ~ leihen** дать что-л. под залог.

Pfandbrief *m* залоговое свидетельство, ипотека, *Hypothek f.*

Pfandbruch *m* ликвидация залога (при невыполнении в срок обязательств, взятых на себя залогодателем).

Pfandindossament *n* залоговый индоссамент. Индоссамент, *Indossament n*, предоставляемый с целью помещения векселя под заклад.

Pfandleihe *f* выдача ссуд под залог (как вид коммерческой деятельности).

Pfandleiher *m* залогодержатель, кредитор по закладной.

Pfandschein *m* залоговое свидетельство, накладная.

Pfändung *f* наложение ареста на имущество должника, опись имущества должника.

Placierung *f*, **Plazierung** *f* **1.** инвестиция, помещение капитала; **2.** распространение вновь выпущенных ценных бумаг.

Policy Mix *f* (engl.) «полиси микс» (англ.), букв. «смешанная политика». Политэкономическая стратегия, предусматривающая оптимальное одновременное использование различных финансово-экономических инструментов.

Portefeuille *n* [pɔrt(ə) ´fœ:j] портфель. Совокупность имеющихся в банке ценных бумаг (векселей, облигаций, акций).

Portfolio-Analys *f* = **Portefeuille-Analyse** *f* анализ портфеля. Понятие, первоначально обозначавшее процесс составления портфеля, *Portefeuille n*, с учетом потенциальных доходов и рисков; в настоящее время используется и для обозначения порядка составления программного плана реальных инвестиций, не полностью обеспеченных стандартными гарантиями.

Portfolio-Management *n* (engl.) портфолио-менеджмент. Форма стратегического финансово-экономического планирования.

Portfolio-Planung *f* портфельное планирование. Форма экономического стратегического планирования, развивающаяся с конца 60-х - 70-х гг. Суть ее заключается в заранее планируемом помещении ресурсов в те отрасли бизнеса, где ожидается наиболее благоприятная конъюнктура, и где предприятие может с наибольшей выгодой использовать свои сильные стороны.

Portfolio Selection *f* [-sɪ ˈlekʃn] (engl.) портфельная селекция, теория отбора портфеля. Теория оптимального составления портфеля цен-

ных бумаг, введенная в практику Г.Марковицем и основывающаяся на статистических данных и теории вероятностей.

Portfolio-Theorie *f* (Portfolio Selection *f*) портфельная теория, теория отбора портфеля, *Portfolio Selection f.*

Posten *m* статья (бюджета); бухг. позиция.

Prämienanleihe *f* выигрышный займ.

Prämiensparen *n* выигрышный вклад в сберкассе; **Losung im ~** тираж по выигрышным вкладам в сберкассе.

Preferred Stocks *pl* [prɪ ˈfə:d stɔks] (engl.) (Syn.: Vorzugsaktien *pl*) привилегированные акции.

Private Banking *n* [ˌpraɪvət ˈbæŋkɪŋ] (engl.) система частных банков. В настоящее время употребляется для обозначения всех частных кредитных учреждений, занимающихся по преимуществу краткосрочным кредитованием.

Privatkundengeschäft *n* операция с частным лицом. Вид банковской операции, при которой клиентом банка выступает частное (физическое) лицо. Антоним: операции с фирмой, *Firmenkundengeschäft n.*

Privatplacement *n* [- ˌpleɪsmənt]

(engl.) частное помещение. Продажа вновь выпущенных ценных бумаг ограниченному кругу вкладчиков без проведения официальной подписки.

Produktenbörse *f* товарная биржа.

Produktionskredit *m* производственный кредит. Кредит, выдаваемый предприятиям на производственные нужды.

Produktivität *f* производительность, продуктивность.

Programmhandel *m* программная торговля. Торговые операции по определенной экономической программе.

Programmkredit *m* программный кредит; кредит, предоставляемый под определенную экономическую программу.

Prokura *f* общая (генеральная) торговая доверенность.

Prolongation *f* 1. продление, отсрочка (платежа); 2. пролонгация (векселя).

Prolongationswechsel *m* пролонгированный вексель.

prolongieren *v* продлевать, отсрочивать (платежи); пролонгировать (вексель).

Promesse *f* промесса. 1. платежное обязательство, выставленное в форме договора о признании существующего долга, долгового обязательства или векселя; 2. в фондовых операциях - документ, содержащий обязательство поставки ценных бумаг.

Protest *m* протест ; **einen Wechsel zu ~ gehen lassen** опротестовать вексель.

Protestwechsel *m* опротестованный вексель.

Provision *f* комиссионные (деньги).

Provisionsvergütung *f* комиссионное вознаграждение.

Prozentkurs *m* процент курса, процентный курс. Биржевой курс ценных бумаг с фиксированными процентами, выраженный в процентах к номинальному курсу бумаг.

Prozentsatz *m* (Syn.:Zinssatz *m*, Zinsfuß *m*) процент, процентная ставка.

Publizität *f* публичность. Ознакомление общественности с общим состоянием дел и наиболее значительными показателями деятельности предприятия, банка; также - опубликование годового баланса.

Punkt *m* бирж. пункт. Единица изменения курса ценных бумаг на бирже.

Purchase-Methode *f* [´pə:rtʃəz-] (engl.), (Syn.:Erwerbsmethode *f*) метод «перчез» (англ.). Метод отнесения стоимости. Сообщаемая при первичной консолидации разница между покупной ценой и эффективной ценой основных средств долевого участия анализируется, и в зависимости от определяемых ей факторов, причисляется к активам или пассивам. Остающиеся пассивные разницы объявляются консолидированными резервами, активные разницы - ценностью фирмы, *Goodwill m*. Оплаченный *Goodwill* (наценка) списывается в консолидированном балансе доходов и расходов.

Put-Option *f* [ˌput ´ɔpʃ(ə)n] (engl.) опцион по поставке. **1.** опцион, *Option f*, предусматривающий куплю-продажу права поставки определенного количества ценных бумаг, товаров и.т.д. в течении заранее установленных сроков по договорной цене, *Traded Options pl*; **2.** право инвестора потребовать досрочного возвращения займа.

Q

Quittung *f* квитанция, расписка (в получении).

Quote *f* квота, доля, взнос.

Quotenaktie *f* квотативная акция. Акция на определенную долю в каком-либо предприятии, а не на определенную сумму.

quotieren *v* (Syn.:kotieren *v*, notieren *v*) котировать, указывать цену на что-л., осуществлять официальную куплю-продажу (ценных бумаг).

Quotierung *f* (Syn.: Quotation *f* - engl.) котировка, установление официальных биржевых курсов.

R

Rabatt *m* скидка, рабат; ~ **ge-währen (geben)** предоставлять скидку; **3%** - ~ 3% скидки.

rabattieren jdm. D etw. A продавать кому-л. что-л. со скидкой, предоставлять скидку на что-л.

Raiffeisen-Kasse *f* сельскохозяйственная касса взаимопомощи «Райфайзен». В ФРГ имеется широко разветвленная сеть таких касс, предоставляющих льготные ссуды сельскохозяйственным предприятиям.

Random-Walk-Theorie *f* (engl.) [,rændəm ´wɔ:k-] теория «рэндом-уок» (теория беспорядочного движения). Широко распространена в странах рыночной экономики, в т.ч. в ФРГ. В соответствии с ней курсы котировки акций (как и любые рыночные цены вообще) не могут прогнозироваться при купле-продаже, поскольку прогнозы сразу влекут за собой изменение курсов и порождают новые прогнозы.

Rate *f* **1.** ставка, норма; **2.** взнос (при платеже в рассрочку); **3.** процент, *Zinsrate f*; **in ~ n zahlen** платить в рассрочку; **zahlbar in zehn ~ n a 5 000 DM** с выплатой в рассрочку десятью взносами по 5000 немецких марок.

Ratenkredit *m* кредит в рассрочку. Выплачиваемый частями. Кредит в широком смысле; небольшой кредит, предоставляемый потребителю или мелкому предприятию и возвращаемый частями.

Ratenwechsel *m* вексель в рассрочку. Вексель с несколькими, следующими один за другим сроками исполнения платежных обязательств.

Rating *n* (engl.) рейтинг (англ.). Оценочная шкала ценных бумаг и степени платежеспособности кредитополучателей, где показатели выражаются буквами или цифрами.

Realbesitz *m* **1.** реальная собственность; **2.** земельная собственность, недвижимое имущество.

Realkredit *m* ипотечный (вещный) кредит. Кредит под заклад реальных имущественных ценностей (товаров, ценных бумаг и т.д.).

Realobligation *f* закладная (документ).

Realpfandrecht *n* (Syn.: Hypothek-enrecht *n*) ипотечное право.

Realsicherheit *f* обеспечение ка-кой-л. финансовой сделки недвижимостью.

Realwert *m* реальная (фактичес-кая) стоимость (напр., цен-ной бумаги).

Rechnung *f* 1. счет (документ); 2. счет в банке, *Konto n;* **eine ~ begleichen (honorieren)** запла-тить по счету, оплатить счет; **eine ~ liquidieren** 1. предъявить счет к уплате; 2. оплатить счет; **eine offene (laufende) ~** открытый (текущий) счет (в банке); **jdm. D einen Betrag auf die ~ setzen** отнести сумму на чей-л. счет.

Rechnungsausgleich *m* (Syn.: Sal-do *m*) сальдо.

Rechnungsbeleg *m* (Syn.:Beleg *m*) оправдательный (подтверж-дающий) документ к счету.

Rechnungserteilung: zahlbar nach Rechnungserteilung с оплатой по предъявлении счета, с не-медленной оплатой.

Rechnungsführung *f* счетоводст-во, бухгалтерия; **die wirt-schaftliche ~** хозяйственный расчет, хозрасчет.

Rechnungsjahr *n* (**RJ**) финансо-вый (статистический) год.

Rechnungslegung *f* (финансо-вая) отчетность.

Rechnungswesen *n* счетоводство, учет.

Rediskontierung *f* перепродажа учетного векселя.

Rediskont-Kontingent *n* переучет-ный контингент. В ФРГ : установленная Немецким федеральным банком для каждого кредитного учреж-дения страны предельная сумма (лимит), которая мо-жет быть затрачена на по-купку векселей при переучет-ных операциях.

Refinanzierung *f* рефинансиро-вание. Привлечение чужих средств для покрытия пре-доставленных и предоставляе-мых собственных кредитов; выделение кредита не из соб-ственных средств кредитода-теля, который должен пред-варительно обеспечить себе получение требуемых средств.

Reflation *f* рефляция. Увеличе-ние денежной массы с целью преодоления депрессии, вы-званной недостаточным де-нежным обеспечением.

Regionalbank *f* региональный банк. Кредитное учреждение, деятельность которого рас-пространяется на территорию одного административного округа либо одного крупного города с пригородами.

Regionalwerte *pl* региональные ценности. Акции, выпущен-ные предприятием регио-нального (местного) значения, котировка которых происходит, как правило, только на одной бирже.

Reingewinn *m* чистый доход, чистая прибыль.

Reisescheck *m* дорожный чек.

Rektaklausel *f* пометка, указывающая на именной характер ценной бумаги.

Rektapapier *n* (Syn.: Namenspapier *n*) именная ценная бумага. Ценная бумага, выписанная на определенное лицо и исключающая передачу другому лицу посредством индоссамента.

Rektawechsel *m* именной вексель.

Remittent *m* (Syn.: Wechselnehmer *m*) векселедержатель, ремитент.

remittieren *v* уплачивать, перечислять (деньги).

Rendite *f* доход с капитала, проценты с ценных бумаг. Совокупная доходность помещенного капитала (включает проценты с капитала плюс прибыль от повышения курса, либо минус убытки от понижения курса ценных бумаг) за один год, прежде всего - доходность фондов, выраженная в процентах с вложенного капитала.

Rentabilität *f* доходность, прибыльность, рентабельность; самоокупаемость.

Rente *f* рента; периодические поступления (платежи); **absolute** ~ абсолютная рента; **lebenslängliche** ~ пожизненная рента; **eine ~ beziehen** получать ренту, жить на ренту.

Rentenbank *f* рентный банк.

Rentenbrief *m* облигация ипотечного банка.

Rentenpflicht *f* обязанность вносить периодические платежи.

Rentenschuld *f* рентный долг - вещный долг, обременяющий недвижимое имущество, платежи по которому должны производиться периодически.

Rentier *m* (frz.) рантье.

Reprivatisierung *f* денационализация (реприватизация), передача (возврат) имущества в частную собственность.

Reserven *pl* резервы, резервный капитал. Часть собственных средств банка, акционерного общества, предприятия, образуемая за счет отчислений от прибыли и используемая для покрытия потерь по операционной деятельности, пополнения основного капитала и выплат дивидендов в случаях, когда текущей прибыли оказывается для этого недостаточно. Указываемые в балансе резервы называются открытыми, а не указываемые - скрытыми (или « внутренними »).

Respekttage *pl* (Syn.: Banktage *pl*) грационные дни, льготные дни (отсрочка при уплате по векселю), букв. «уважительные дни» - срок, в течение которого платеж по просроченному векселю может быть произведен без наложения на должника штрафа.

Restriktion *f* ограничение, сокращение (кредита).

Retail Banking *n* [rɪ ˌteɪl ʹbæŋkɪŋ] (engl.) «ритейл бэнкинг» (англ.) букв. «розничные банковские операции». Вид операций банка с частными лицами для привлечения широкой клиентуры. Банк идет на предоставление большого числа незначительных кредитов на производственные (ремесла и т.п.) либо потребительские нужды физических лиц. Антоним: *Wholesale Banking*, т.е. «оптовые, крутые банковские операции».

Return on assets (engl.) ROA оборачиваемость активов.

Return on equity (engl.) ROE Оборачиваемость собственных оборотных средств.

Return on investment (engl.) оборачиваемость инвестиций, доходность (эффективность) инвестированного капитала. Степень рентабельности, показатель для анализа рентабельности предприятия. Тер-

мин введен в употребление в США, затем получил распространение в других странах.

Reugeld *n* отступная, неустойка.

Rezession *f* экономический спад, свертывание производства, рецессия. Фаза спада конъюнктурного цикла, следующая после апогея: доходы населения еще растут, но уровень роста уже понижается, в отличие от депрессии, при которой наблюдается абсолютное снижение доходов.

Rimesse *f* (Syn.: gezogener Wechsel, Tratte *f*) денежный перевод; переводной вексель, римесса.

Risiko *n*, meist **Risiken** *pl* риск, чаще мн.ч.: риски. Опасность убытков при проведении банковских операций; **Kreditrisiko** *n* кредитный риск, т.е. риск неуплаты заемщиком основного долга и процентов, причитающихся кредитору; ~ **verteilen** распределять кредитный риск (между несколькими кредитными учреждениями); **Kunden-Risiko** *n* риск, связанный с возможной неплатежеспособностью клиента(ов).

Risikostreuung *f* букв. «распыление» риска. Уменьшение кредитного риска кредитного учреждения посредством распределения предоставляемых кредитов между большим количеством заемщиков и по многочисленным отраслям экономики и регионам.

Risikoverteilung *f* распределение риска (между кредитными учреждениями).

ROA (Return on assets) [rı͵təːn ɔn ´æsəts] (engl.) оборачиваемость активов. Показатель рентабельности оборота активов в балансе банка, предприятия, выражаемый в процентах прибыли от активов.

ROE (Return on equity) [rı͵təːn ɔn ´ekwıtı] (engl.) оборачиваемость собственных оборотных средств. Показатель эффективности находящихся в обращении собственных средств в балансе банка, предприятия, выраженный в процентах прибыли от оборотных собственных средств.

Roll-over -Kredit *m* [rol ´ouvə-] (engl.) «ролловер кредит» (от англ. «возобновление», «постоянное восстановление»). Вид используемого на европейском рынке средне - и долгосрочного кредита, особенность которого состоит в том, что общий срок его использования делится на несколько коротких временных отрезков, для каждого

из которых процентная ставка устанавливается вновь, исходя из текущей конъюнктуры рынка.

Rückbürgschaft *f* поручительство по покупке; второе поручительство; поручительство за поручителя.

Rückerstattung *f* возмещение, отдача, реституция.

Rückfluß *m* **des Kapitals** обратный приток капитала.

Rückflußdauer *f* срок оборота (капиталовложений).

Rücklage *f*, meist **Rücklagen** *pl* 1. накопления, сбережения; 2. денежный резерв. Резервный капитал (фонд) банка, предприятия, предназначенный для покрытия возможных потерь или для особых целей, *Reserven pl.*

Rückrechnung *f* обратный счет (встречный, при неуплате по векселю).

Rückstellungen *pl* отчисления в резервный фонд.

Rückvergütung *f* (Syn.: Rückzahlung *f*) возмещение, обратная выплата, компенсация (суммы).

Run *m* [rʌn] (engl.) -биржевая паника, массовое изъятие вкладов из банка при получениии информации о действительном или предполагаемом уменьшении его платежеспособности.

S

Sachanlagevermögen *n* буквально «вещное инвестированное имущество». Материальные предметы, явившиеся объектами долгосрочных инвестиций: движимое и недвижимое имущество (земельные участки, машины и оборудование, здания, транспортные средства, запасы сырья на складах и т.п.).

Sacheinlagen *pl* (Sg Sacheinlage *f*) «вещные вклады». Вклады, сделанные при образовании акционерного общества не в виде наличных.

Sachkapital *n* букв. «вещный» капитал, реальный (ипотечный) капитал. В ФРГ: ценности и товары, находящиеся в производственном процессе, как-то: средства производства (машины, оборудование), в том числе и транспортные средства, а также сырье и товары, еще не поставленные потребителю.

Sachkredit *m* букв. «вещный» кредит, реальный (ипотечный) кредит. В ФРГ: кредит, имеющий гарантии в виде реальных материальных ценностей, в отличии от так. наз. «личного кредита», *Personalkredit m*, предоставляемого в силу доверия банка к личности заемщика.

Sachwert *m* букв. «реальная ценность». В ФРГ: **1.** цена (стоимость) предметов какого-либо состояния (имущества), ориентирующаяся на производственные издержки, либо на расходы по их приобретению. **2.** Непосредственно заключенная в предметах (и косвенно - в акциях и других ценных бумагах) потребительская стоимость, не зависящая от колебаний их стоимости в денежном выражении.

Salärkonto *n* (Syn.:Lohn-und Gehaltskonto *n*) счет, на который перечисляется заработная плата.

Saldo *m* остаток, сальдо; **einen ~ ziehen** выводить остаток, сальдо.

Sammelanleihen *pl* объединенные займы. В ФРГ : объединенные займы нескольких общин (коммун).

Sammelüberweisung *f* букв.«объединенный перевод». Перевод денег сразу нескольким получателям при помощи одного формуляра.

Sammelverwahrung *f* (Syn.: Sammeldepot *n*) объединенное хранение (депозит). Операция по сдаче на хранение в банк ценных бумаг, при которой банк хранит вместе сданные разными клиентами экземпляры ценных бумаг одного вида, но так, что каждый клиент сохраняет право собственности на свои бумаги.

Sanierung *f* санация (оздоровление). В ФРГ : организационные и финансовые мероприятия по восстановлению здоровых основ деятельности попавших в затруднительное положение предприятий, в особенности для предотвращения неплатежеспособности и сверхзадолженности.

Scheck *m* чек, платежное поручение.

Scheckeinzug *m* (Syn.: Scheckinkasso *n*) получение чека, оприходование предъявленного клиентом чека кредитным учреждением.

Schluß *m* минимальная сумма (или минимальное количество ценных бумаг) при завершении каждой отдельно взятой сделки на бирже.

Schuldner *m* должник.

Schuldübernahme *f* перевод долга, принятие на себя долга другого лица.

Schuldverschreibung *f* облигация, выпущенная акционерным обществом.

«**Schuldverschreibungen**» *pl* «облигации». Название одной из статей в пассивной части таблицы банковского баланса, в которую вносят все уже выпущенные краткосрочные и долгосрочные облигации с обязательными отметками о выплатах по ним.

Schuldversprechen *n* договор о принятии на себя долгового обязательства; долговое обязательство.

Securities *pl* (engl.) **1.** гарантии, обеспечение, поручительства; **2.** ценные бумаги (в особенности биржевые), биржевые ценности.

Share *m* (engl.) акция.

Sicherheit *f* гарантия. В ФРГ: одна из центральных задач банков. Рентабельность банковских операций должна быть соразмерна имеющимся гарантиям. Гарантии должны опираться на солидность заемщиков и на организацию кредитного дела в данном банке.

Sicherheiten *pl* (im Kreditgeschäft) гарантии (при кредитных операциях). Зависят от вида кредита: это могут быть векселя, аккредитивы, специальные гарантии - в том числе залог ценных бумаг, имущества, товаров, земельных участков; а также разные поручительства, кредитное страхование и др.

Sicht *f* срок; **auf (bei)** ~ по предъявлении; **Wechsel** *m* **auf** ~ (Syn.:Sichtwechsel *m*) вексель, подлежащий оплате по предъявлении, вексель срочный по предъявлении; **Wechsel** *m* **auf lange (kurze)** ~ долгосрочный (краткосрочный) вексель.

Sichteinlagen *pl* бессрочные вклады.

Sichtgelder *pl* денежные средства на бессрочных вкладах.

Sichtwechsel *m* (Syn.:Wechsel auf Sicht) вексель, подлежащий оплате по предъявлении, вексель срочный по предъявлении.

Soll *n* (Syn.:Debet *n*) дебет; **das Soll und Haben** (Syn.:Debet und Kredit) дебет и кредит, приход и расход.

Sollbestand *m* дебетовое сальдо, остаток по дебету.

Sollbetrag *m* сумма (по плану).

Solleinnahme *f* запланированный приход.

Sorten *pl* иностранная валюта (банкноты и монеты, в отличии от безналичной валюты - *Devisen pl*).

Sortengeschäft *n* торговля (на-

личной) иностранной валютой; обмен иностранной валюты.

Sortenhandel *m* купля-продажа (иностранной) валюты на бирже.

Sortenkurs *m* валютный курс (банкнот) на бирже, а также при межбанковской торговле валютой.

Sortenzettel *m* бюллетень курсов иностранной валюты.

Sparbanken *pl* (Sg Sparbank *f*) сберегательные банки.

Sparbrief *m* среднесрочная ценная бумага, предоставляемая универсальными банками своим клиентам в качестве инструмента для капиталовложений, ограниченная либо определенным кругом клиентов, либо определенной отраслью банковского дела.

Spareinlagen *pl* вклады (в сберкассу, в банк).

Sparer *m* (Syn.:Einleger *m*) вкладчик сберегательной кассы.

Sparkasse *f* сберегательная касса.

Spezialbanken *pl* специализированные банки. Кредитные учреждения, деятельность которых ограничена определенными видами банковских операций.

Sperrfrist *f* блокирование (счета).

Sperrkonto *n* блокированный счет.

Spesen *pl* накладные расходы, комиссионные, вознаграждение за услуги.

Splitting *n* [´splɪtɪŋ] (engl.) букв. «разделение». **1.** разделение общей суммы доходов супругов на две отдельных ведомости при уплате налогов; **2.** разделение высоко котирующейся акции на несколько акций.

spot [spɔt] (engl.) подлежащий немедленному исполнению (напр., выплате, поставке чего-либо и т.д.).

Spotgeschäft *n* [´spɔt-] «спот». Наличные валютные операции, при которых обмен валют происходит либо в момент заключения сделки, либо по прошествии одного рабочего дня.

Spotkurs *m* курс наличных валютных операций.

Stillhalteabkommen *n* соглашение о моратории.

Stillhalteschulden *pl* долги, попадающие под действие моратория.

Stock Exchange *f* [´stɔk ɪks ˌtʃeɪndʒ] (engl.) (Syn.: Effektenbörse *f*) фондовая биржа.

stornieren *v* сторнировать, аннулировать.

Storno *m* (Syn.:Streichung *f*) отмена, сторно.

Straight-Anleihe *f* [´streɪt-] (engl.) займ под твердый процент. (Антоним: *Floatig Rate Notes*).

Stücke *pl* принятое в банковском деле ФРГ обозначение биржевых ценных бумаг, букв.: «штуки».

Substanzwert *m* реальная ценность, *Sachwert m.*

Swap *m* [swɔp] (engl.) своп, операция «своп».

Swapgeschäft *n* операция «своп». Операция, сочетающая наличную куплю-продажу с одновременным заключением контрсделки на определенный срок. Существует несколько видов операций «своп»: валютные, процентные, долговые, с золотом и их различные сочетания.

SWIFT (Society for Worldwide Interbank Financial Telecommunications) СВИФТ: букв.: Общество международных межбанковских телекоммуникаций. Автоматизированная система осуществления международных платежей через сеть компьютеров.

85

T

Tagesbilanz *f* суточный баланс (банка).

Tagesgeschäft *n* сделка, финансовая или торговая операция, подлежащая исполнению в течение трех дней.

Tageskurs *m* бирж. курс дня. Официально установленный либо определяемый на свободном рынке курс котировки ценной бумаги в определенный день.

Tagesumsatz *m* суточный оборот, оборот за сутки.

Tagwechsel *m* (Tageswechsel *m*) вексель, день платежа по которому зафиксирован в тексте.

Tantieme *f* [tã´tιε:m(ə)] (frz.) тантьема, доля прибыли. Вознаграждение служащим высшего звена банка, акционерного общества, предприятия, выплачиваемое в виде процента от годовой прибыли, вид премии руководящим и особо эффективным работникам.

Tarif *m* тариф.

tarifbesteuerte Wertpapiere *pl* ценные бумаги с налоговыми тарифами. Ценные бумаги с фиксированным доходом, процентные ставки по которым облагаются обычным подоходным налогом и налогом с корпораций.

Tarifgruppensystem *n* система тарифных групп. В банковском деле ФРГ - распределение служащих банка на девять тарифных групп в соответствии с их квалификацией, характером и эффективностью деятельности для дифференциации заработной платы.

Tarifvertrag *m* коллективный договор. В ФРГ: регулируемое в соответствующем законодательстве соглашение между работодателем и работополучателем о правах и обязанностях последних и о нормировании и оплате работы.

Tauschwert *m* меновая стоимость.

Teilakzept *n* частичный акцепт. Частичное согласие на оплату векселя.

Teilschuldverhältnisse *pl* долевые обязательства. Обязательства по выплате долга, распределенные между несколькими заемщиками.

Teilschuldverschreibung *f* долевая облигация, долевое обязательство - часть одного общего займа.

Teilzahlung *f* **(TZ)** (Syn.: Ratenzahlung *f*) уплата в рассрочку; частичный взнос.

Teilzahlungskredit *m* (Syn.: Ratenkredit *m*) кредит (ссуда), выплачиваемый (-ая) в рассрочку. Любой некрупный кредит, предоставляемый, как правило, потребителям и возвращаемый ими в рассрочку *Ratenkredit m*.

Teilzahlungskreditinstitut *n* кредитное учреждение, специализирующееся на предоставлении ссуд, выплачиваемых в рассрочку.

Telebanking *n* [ˈtelɪ ˌbæŋkɪŋ] (engl.) телебанкинг (англ.) Термин для обозначения совокупности предоставляемых современными банками клиентам видео - и компьютерных услуг «на дому». С помощью находящегося дома или на рабочем месте телевизора либо персонального компьютера, подключенного к видео - и компьютерной системе банка, клиент может «не сходя с места» запрашивать необходимую информацию и осуществлять банковские операции.

Telegraphic Transfer *m* [ˈtelɪgrɑːfɪk ˌtrænsfə] (engl.) (telegraphischer Transfer *m*) телеграфный трансферт. Трансфертный платеж, совершающийся по телеграфу *Transfer m.*

Telquel-Kurs *m* [tɛlˈkɛl-] (frz.) телькельный курс. Термин для обозначения курса имеющегося в распоряжении банка платежного средства в иностранной валюте без вычета процентов и иных издержек.

Tendenz *f* тенденция, конъюнктура. Изменение объемов купли-продажи ценных бумаг и их курсов в официальное рабочее время биржи, до и после него; **eine feste** ~ твердая тенденция; **eine fallende (sinkende)** ~ тенденция к понижению; **eine steigende (ansteigende)** ~ тенденция к повышению; **die Börse verfolgte keine einheitliche** ~ конъюнктура на бирже была неустойчивой.

Terminbörse *f* срочная биржа. Рынок срочных сделок на бирже.

Termindevisen *pl* срочные девизы, срочная валюта. Обращающиеся на бирже платежные средства в иностранной валюте, телеграфные платежи и векселя, подлежащие оплате в более поздние сроки. Такие операции производятся для поддержания котировки курса и со спекулятивными целями.

Termineinlage *f* срочный вклад. Сумма значительного размера (в ФРГ, как правило, не менее 10000 марок), вкладываемая клиентом в банк на длительный срок.

Termingeld *n* срочные деньги. **1.** заемные денежные средства при межбанковских операциях на срок от одного до двенадцати месяцев (более долгий срок является исключением); **2.** срочные вклады, *Termineinlage f.*

Termingeschäft *n* сделка на срок, срочная сделка. договор об операции по купле-продаже товаров, валюты или ценных бумаг, совершаемый через определенный срок. При этом сумма оплаты фиксируется в момент заключения сделки либо определяется текущими курсами на бирже; **bedingtes** ~ условная сделка на срок (в этом случае покупатель или продавец получают по наступлении даты совершения сделки право отказаться от нее при условии выплаты оговоренной в момент заключения сделки компенсационной премии; **festes** ~ сделка на твердый срок.

Terminmarkt *m* бирж. срочный рынок. Постоянно действующая биржа для совершения сделок, по условиям которых продавец обязуется поставить товары определенного количества и качества в определенный срок, а покупатель берет на себя обязательство оплатить поставку по фиксируемой в момент заключения сделки цене.

Terminpapiere *pl* срочные (ценные) бумаги. Фонды, допущенные к обращению на срочной бирже, *Terminbörse f.*

Terminschuld *f* срочный долг.

Terminverlängerung *f* продление срока, отсрочка.

Terminzahlung *f* срочный платеж.

Terms of Trade *pl* (engl.) обменное соотношение цен. **1.** установленные на мировом рынке цены экспортируемых и импортируемых товаров, выраженные в единицах других товаров, т.е. международные обменные отношения в натуральном выражении; **2.** соотношение импортных и экспортных цен во внешней торговле какой-л. страны.

Thesaurierung *f* тезаврация, тезаврирование. **1.** накопление денежных средств (первоначально - золото) частными владельцами в виде сокровища; **2.** неиспользование банками, акционерными обществами части полученной прибыли для проведения дальнейших активных операций и превращение ее в резерв, *Reserven pl* ; один из источников самофинансирования.

Tilgung *f* погашение; уплата долга; **laufende ~ en** текущие платежи.

Tilgungsanleihe *f* погашаемый заём. В отличие от рентных займов, при которых отсутствуют обязательства погашения, любой заем, предусматривающий возврат долга кредитору.

Tilgungsfonds *m* [-fɔ:] фонд погашения. В соответствии с условиями погашения ценных бумаг с фиксированными процентами возврат долга производится единовременно либо путем частичных погашений (в рассрочку).

Tilgungshypothek *f* (Syn.: Annuitätenhypothek *f*) погашаемая ипотека, аннуитетная ипотека. Ипотека, по которой должник обязан выплачивать фиксированные аннуитеты *Annuitäten pl*, включающие проценты и погашаемые части ссуды, до полного погашения задолженности.

Tilgungsstück *n* погашаемая

облигация. Долевая облигация, выкупаемая эмитентом с целью погашения займа.

Tilgungssumme *f* сумма текущего платежа (в погашение долга).

Tip *m* «тип», намек. В биржевом слэнге информация об особых обстоятельствах, способных повлечь за собой изменение курса ценной бумаги.

Tombstone *m* [ˈtuːmstɔun] (engl.) тумстон (англ.), «надгробная плита» - термин, обозначающий обнародование сведений об уже состоявшемся синдицировании крупного кредита или займа с перечислением всех банков-участников и функций каждого из них.

totes Konto *n* мертвый счет. Банковский счет, на котором по каким-л. причинам отсутствует движение капитала.

Trade Bill *m* [ˌtreid ˈbɪl] (engl.) (Syn.: Warenwechsel *m*) коммерческий вексель, товарный вексель. Вексель, в основе которого лежит товарная операция, в отличие от финансового векселя, *Finanzwechsel m.*

Traded Options *pl* [ˌtreidid ˈɔpʃ(ə)nz] (engl.) товарные опционы, *Option f.* Опционы, предусматривающие оговоренную в типовом договоре куплю-продажу права

89

поставки, *Put-Option f*, либо требования поставки *Call-Option f*, ценных бумаг, товаров и т.д. в фиксированные сроки и по установленной цене.

Tranche *f* [trãʃ] (frz.) транша (франц.). **1.** серия или часть облигационного займа (как правило, международного), в более широком смысле - серия выпуска любого вида ценных бумаг; **2.** доля квоты в Международном валютном фонде - часть взноса страны - члена в МВФ для регулирования объемов и условий предоставления кредитов Фонда.

Transaktion *f* трансакция, сделка. Переход объекта экономики (имущества, требования и т.д.) от одного субъекта к другому.

Transfer *m* перевод (перечисление) в иностранной валюте, передаточный платеж, трансферт. Распространенный способ перечисления ценностей при операциях на внешнем рынке.

Transferierbarkeit *f* обратимость валюты.

transferieren *v* переводить (перечислять) какую-л. сумму в иностранной валюте.

Transformationsfunktion *f* трансформационная функция. В

практике кредитных учреждений превращение: **а.** краткосрочных вкладов в долгосрочные кредиты; **б.** совокупности мелких вкладов в крупный кредит; **в.** кредитных рисков в меньшие риски, остающиеся у вкладчиков.

Trassant *m* (Syn.:Wechselgeber *m*) векселедатель, трассант (отвечает за акции и платеж по векселю).

Trassat *m* (Syn.:Wechselnehmer *m*) векселедержатель, плательщик по (переводному) векселю, трассат.

trassieren *v* выставлять тратту, трассировать.

Tratte *f* (Syn.:trassierter Wechsel *m*, gezogener Wechsel *m*) переводной вексель,тратта.

Trend *m* (engl.) тренд, тенденция.

Tresor *m* сейф, несгораемый шкаф.

Tresorschein *m* казначейская облигация.

Treuhand *f* управление чужим имуществом по поручению доверителя; управление секвестированным имуществом, опека.

Treuhandanlage *f* вклад доверительного капитала.

Treuhandanstalt *f* (ТНА) Ведомство по опеке. Возникшее в 1990 г. в ФРГ государственное учреждение, в задачу которого входит осуществление денационализации и приватизации государственных предприятий бывшей ГДР.

Treuhandbank *f* доверительный банк, *Trust Company f.*

Treuhänder *m* лицо, которому поручено (доверено) управление чужим имуществом; доверенное лицо, посредник; управляющий инвестированным предприятием; опекун, душеприказчик.

Treuhänderrat *m* совет управляющих (доверенным имуществом); опекунский совет.

Treuhänderwirtschaft *f* система посредничества.

Treuhandgeschäft *n* (Syn.: fiduziarisches Geschäft *n*) фидуциарная сделка; доверительная операция (банка).

Treuhandgesellschaft *f* общество доверительных операций (действует по поручению клиентов).

Treuhandkonto *n* доверительный счет. Счет предприятия либо частного лица, имущество которого доверено опекуну.

Treuhandkredit *m* доверительный кредит. Кредит, передаваемый банком заемщику по поручению доверителя и управляемый им как доверенным лицом.

Treuhandschaft *f* (Syn.:Treuhand *f*) управление чужим имуществом по поручению доверителя; опека.

Treuhandverwaltung *f* опекунское управление; управление (банка) имуществом клиента.

Trust Bank *f* [ˈtrʌst ˌbæŋk] (engl.) трастовый банк, доверительный банк, *Trust-Company.*

Trust-Company *f* [ˈtrʌst ˌkʌmpəni] (engl.) (Syn.:Treuhandbank *f*, Trust Bank *f*) трастовая компания, доверительный банк. Банк, управляющий имуществом и выполняющий иные услуги в интересах и по поручению клиентов на правах доверенного лица.

Trustee *m* [trʌsˈtiː] (engl.) (Syn.: Treuhänder *m*) доверенное лицо, опекун; лицо, управляющее чужим имуществом.

Trustee-Geschäft *n* [trʌsˈtiː-] операция по принятию доверенности - наделение банка правами доверенного лица по управлению имуществом, поручаемым банку клиентом (на максимальный срок в 99 лет). Банк имеет право осуществлять в интересах клиента доверительные операции, *Treuhandgeschäft n* .

U

Überweisung *f* перевод (денег).
Überweisungsverkehr *m* безналичный платежный оборот.
Überziehen *n* (eines Kontos) перерасход (счета в банке).
Überziehungskredit *m* букв. «перерасходованный кредит». Вид кредита, когда перерасходованная сумма превращается в специальный кредит, причем за это, наряду с процентами, могут взиматься специальные комиссионные, *Überziehungsprovision f.*
Überziehungsprovision *f* комиссионные, провизия за предоставление «перерасходованного кредита».
Umlauf *m* (Syn.:Geldumlauf *m*) (денежное) обращение.
Umlaufgeschwindigkeit *f* (des Geldes) скорость обращения (денег).
Umlaufvermögen *n* букв. «оборотное имущество». Имущество предприятия, часть активов, имеющих краткосрочный оборот, в отличие от инвестированного иму-

щества, *Anlagevermögen n.*
Umsatz *m* оборот.
Umschuldung *f* превращение (краткосрочного займа в долгосрочный).
unbarer Zahlungsverkehr *m* безналичный платежный оборот.
ungedeckter Kredit *m* необеспеченный кредит, кредит без гарантий.
Universalbank *f,* **Universalbanken** *pl* универсальный банк, мн.ч. универсальные банки. В ФРГ: банки, занимающиеся всеми видами банковских операций, за исключением денежной эмиссии и ипотечных операций.
Unternehmungswert *m* (Syn.: Firmenwert *m*) цена предприятия (фирмы). Определяется при продаже, выделении из фирмы отдельных предприятий, при слиянии и др. сделках.
Usancehandel *m* Usancen *pl* при купле-продаже валюты - сделки по курсам не в валюте данной страны, а в иностранной валюте.
Usancen *pl* [y ´zã:s(ən)] (frz.), **Usance** *f* букв. «торговый обычай». Твердо установленные торговые обычаи при осуществлении операций с ценными бумагами, валютой и товарами.

V

vagabundierendes Kapital *n* «блуждающий» капитал. Явление, особенно распространенное на европейском рынке: выделяемое концернами, банками и частными лицами денежные суммы; которые с максимальной быстротой вкладываются в наиболее конъюнктурные отрасли и сделки и столь же быстро изымаются из них для новых вложений.

Valoren *pl* ценности; ценные бумаги в самом широком смысле, включая банкноты.

Valorenversicherung *f* страхование ценностей, ценных бумаг.

Value Analysis *f* [ˈvæljuːə ˌnæləsɪs] (engl.) стоимостной анализ. Метод, позволяющий в процессе изучения представляющего интерес объекта (товара, услуги, фирмы и т.д.) выявить его функции, функционально обусловленные особенности и функциональную стоимость.

Valuta *f*, **Valuten** *pl* (Syn.: Devisen *pl*, Währung *f*) **1.** валюта (в равных значениях); **2.** во мн.ч. денежные единицы различных стран.

Valuta-Anleihe *f* валютный займ. В ФРГ: долговое обязательство выдаваемое немецкими заемщиками с гарантией возместить долг в иностранной валюте.

Valutadumping *n* [-ˌdumpɪŋ] (engl.) валютный демпинг. Снижение цен на мировом рынке по причине низкой международной котировки курса национальной валюты страны.

Valutageschäft *n* валютная операция. Обмен иностранной валюты на местную и наоборот.

Valutaklausel *f* (Syn.: Devisenklausel *f*) валютная оговорка. Защитное условие, включаемое в международные кредитные, платежные и другие соглашения с целью страхования от риска обесценивания валюты платежа. В.О. содержит договоренность о соблюдении твердого курсового соотношения между валютой платежа и другой (как правило, более устойчивой) валютой.

Valutapolitik *f* валютная политика. Совокупность мероприятий, направленных на поддержание курса местной валюты на международном рынке.

Valutaquotierung *f* котировка валюты, валютная котировка.

Valutastand *m* курс (отечественной) валюты за границей.

Valutasturz *m* падение валютного курса.

Valutenkonto *n* (Syn.: Devisenkonto *n*) валютный счет. Специальный счет в главной бухгалтерии банка, предприятия, на который вносятся все средства в иностранной валюте и с которого осуществляются валютные платежные операции.

Valutierung *f* валютировка, определение ценности валюты.

variables Kapital *n* переменный капитал.

variabler Kurs *m* переменный курс. Котировка курса ценной бумаги, выпущенной в свободную торговлю.

Venture *η* [´ventʃə] (engl.) (Syn.: Wagnis *n*) венчур (англ.). **1.** рискованное предприятие; рискованная (банковская) операция; **2.** спекуляция; **3.** рисковый капитал, капитал, подвергаемый риску, *Venture Capital; Joint venture n* совместное предприятие, СП.

Venture Capital *n* [ˌventʃə´kæpɪtl] (engl.) (Syn.: Wagniskapital *n*,

Risikokapital *n*) рисковый капитал. Термин для обозначения рискованного капиталовложения, т.е. привлечения банковских средств для финансирования промышленных предприятий или отдельных проектов, осуществляющих освоение принципиально новых видов производства и технологий. При этом банки рассчитывают на быструю окупаемость и получение прибыли выше средней. Капиталовложения осуществляются, как правило, путем приобретения части акций фирмы клиента или представления ссуды (в т.ч. с правом конверсии в акции) из специального «венчурного» фонда» банка.

Verbindlichkeiten *pl* долги, долговые обязательства (кредитного учреждения) перед кредиторами.

Verfall *m* **1.** наступление срока платежа (по венкселю); **2.** просрочка (векселя).

Verfallbuch *n* регистр сроков уплаты по векселям (ведется каждым кредитным учреждением).

Verfallsdatum *n* срок векселя, срок уплаты по векселю.

Verfallserklärung *f* заявление о просрочке векселя.

Verfallstag *m* (Syn.:Verfallsdatum

n) день уплаты по векселю.

Verfügungsberechtigung *f* право распоряжаться банковским счетом другого лица.

Vergütung *f* **1.** возмещение убытков; **2.** оплата.

Verkäufermarkt *m* благоприятная конъюнктура для продажи (напр., ценных бумаг).

Verlust *m,* **Verluste** *pl* убыток, убытки. Превышение расходов над доходами; **einen ~ erleiden** понести убыток; **einen ~ bringen** приносить убыток.

Verlustausgleich *m* компенсация убытков.

Verlustgeschäft *n* убыточная операция, убыточное дело.

Verlustschein *m* справка о неудовлетворенности претензии (кредитора).

Vermögen *n* имущество, состояние ;**bewegliches ~** движимое имущество; **unbewegliches ~** недвижимое имущество.

Vermögensanlage *f* (Syn.: Kapitalanlage *f*) помещение имущества, вложение состояния (в какие-л. ценности).

Vermögensberater *m* консультант по размещению имущества.

Vermögensbestand *m* фактическое состояние имущества.

Vermögensentziehung *f* конфискация имущества.

Vermögensrecht *n* совокупность правовых норм, регулирую-

щих отношение собственника к его имуществу.

Vermögenssteuer *f* налог с имущества.

Vermögensverwaltung *f* управление имуществом. Осуществляемое банком управление имуществом клиентов; банковская услуга, находящая в ФРГ все большее распространение начиная с конца 60-х гг.

Verpfändung *f* **1.** заклад ценных бумаг; **2.** установление залогового права на имущество.

Verpflichtung *f,* meist **Verpflichtungen** *pl* обязательство, обязательства; **die ~ einhalten den ~ en nachkommen** исполнять обязательства; **die ~ verletzen** нарушать, не выполнять обязательства; **~en aus Akkreditiven** обязательства по аккредитивам.

Verrechnung *f* **1.** расчет, подсчет; **2.** клиринг-система безналичных расчетов за товары, ценные бумаги и оказанные услуги, основанная на зачете взаимных требований.

Verrechnungseinheit (VE) *f* расчетная единица.

Verrechnungskonto *n* расчетный счет (в банке).

Verrechnungskurs *m* расчетный курс.

Verrechnungsscheck *m* расчетный чек.

95

Verrechnungsverkehr *m* расчетные (клиринговые) операции.

Versandwechsel *m* вексель у которого место выставления не совпадает с местом платежа; при этом местом платежа может быть филиал получившего вексель банка, корреспондирующий банк либо центральный банк страны.

Verschmelzung *f* (der Banken) (Syn.: Fusion *f*) слияние (банков).

Verschuldung *f* задолженность, долги.

Versicherung *f* 1. страхование; 2. договор страхования.

Versicherungsbetrag *m* страховая сумма.

Versicherungspolicy *f* [- ˌpɔlısı] (engl.) (Syn.: Versicherungsschein *m*) страховой полис, страховое свидетельство. Документ страхового общества, подтверждающий сделку о страховании.

Versicherungsprämie *f* страховая премия.

Versicherungszertifikat *n* страховой сертификат, ковернот.

Verwahrstelle *f* сберегательное учреждение, сберегательный банк. Кредитное учреждение, осуществляющее хранение депозитивов клиентов.

Verwahrungsvertrag *m* договор хранения.

96

Verwaltung *f* (von Wertpapieren) управление ценными бумагами. Вид банковских услуг: банки, хранящие ценные бумаги клиентов, заботятся также об их эффективном управлении в интересах клиентов.

verzinsen *v* начислить проценты; hoch verzinste Anlageformen формы вкладов под большие проценты; sich ~ приносить прибыль (в виде процентов); das Kapital verzinst sich gut капитал дает большие проценты; (etw. A) verzinslich anlegen помещать что-л. под проценты.

Verzinslichkeit *f* размер процентов; процентоспособность.

Verzinsung *f* уплата (начисление) процентов.

Verzug *m* просрочка (платежа): in ~ sein иметь задолженность; mit der Zahlung in ~ geraten (kommen) просрочить платеж.

Verzugszinsen *pl* пеня за просрочку платежа.

Vinkulation *f* превращение предъявительских ценных бумаг в именные (путем совершения соответствующей надписи).

Vinkulationsgeschäft *n* операция кредитная, обеспеченная находящимися в пути товарами.

vinkulieren *v* превратить предъявительские ценные бумаги в платежные.

Volatilität *f* волятилитет (от англ. *volatility,* изменчивость, непостоянство). Новый термин, применяемый в развитых странах для обозначения банковского риска, обусловленного частым изменением плавающих валютных курсов и процентных ставок; В. означает совокупность валютного и процентного рисков.

Volksaktie *f* народная акция. Термин для обозначения акций на мелкую сумму, выпускаемых для привлечения накоплений широких слоев. Н.А. называются также средством активизации «малого капитала», их выпуск часто используется в процессе приватизации бывших государственных предприятий (например, предприятий бывшей ГДР).

Volksbank *f* народный банк. Отраслевая кредитная кооперация, т.е. объединение мелких производителей какой-л. отрасли для удовлетворения потребностей его членов в кредите.

Volkseinkommen *n* (Syn.: Nationaleinkommen *n*) национальный доход.

Vorausklage *f* возражение поручителя против предъявленного ему кредитором иска о предварительном обращении взыскания на имущество.

Vorbörse *f* малая биржа, кулиса. Торговля котирующимися на бирже ценными бумагами до официального открытия биржи (сделки заключаются, как правило, по телефону перед отправлением на биржу).

vordatierter Scheck *m* чек с предварительным проставлением даты. Чек, на котором официальная дата выдачи проставляется заранее.

Vorfinanzierung *f* предварительное финансирование. Привлечение краткосрочных кредитов, которые впоследствии должны быть заменены долгосрочным заемным капиталом.

Vorlegungsfrist *f* предъявительский срок, срок предъявления (векселя). Период времени, в который вексель должен быть предъявлен к оплате (оканчивается, как правило, по истечении двух рабочих дней после наступления срока платежа по векселю).

Vorratspolitik *f* политика накопления, создания резервов, фондов.

Vorschuß *m* задаток, аванс; **sich D einen ~ geben lassen** брать аванс;. **der Kunde beansprucht einen ~ an Vertrauen** клиент претендует на доверие авансом.

Vorstand *m* (einer Bank) правление (банка); **dem ~ angehören** входить в состав правления, быть членом правления.

Vorzugsaktie *f* привилегированная акция. Особый вид акций, дающих их владельцам право на первоочередное получение дивиденда по фиксированной ставке в отличие от обыкновенных акций, дивиденд по которым колеблется в зависимости от прибыли акционерного общества.

Vorzugsdividende *f* привилегированный дивиденд. Дивиденд по привилегированным акциям *Vorzugsaktie f.*

Vorzugsgläubiger *m* кредитор, претензия которого подлежит преимущественному удовлетворению.

Vostrokonto *n* (Syn.: Lorokonto *n*) счет «востро». Счет банка-корреспондента в кредитном учреждении, *Lorokonto n.*

W

Wagnisfinanzierung *f* букв.«рискованное финансирование», т.е. финансирование рискованных предприятий.

Wagniskapital *n* (Syn.: Venture Capital *n*) буквально «рискованный капитал», капитал рискованных предприятий (прежде всего в сфере «высокой технологии»).

Währung *f* валюта. В ФРГ: в узком смысле конкретное выражение национальной денежной единицы - юридически кодифицированный аспект национального денежного порядка. В международной сфере - определенная странами в договорном порядке часть международного валютного порядка.

Währungsgefälle *n* разница валютных курсов.

Währungskonto *n* (Syn.: Devisenkonto *n*) валютный счет.

Wandelanleihen *pl* конверсионные займы. Облигации, дающие право их обмена на акции (или на приобретение акций).

Warenbörse *f* товарная биржа.

Warrant *m* (engl.) варрант. **1.** гарантия, полномочия, правомочия; **2.** свидетельство товарного склада о приеме на хранение определенных товаров; **3.** документ, свидетельствующий о правах на приобретение новых акций.

Wechsel *m* вексель; **eigener** ~ соло-вексель, простой вексель; **gezogener** ~ переводной вексель, тратта.

Wechselbank *f* учетный банк.

Wechselbeitreibung *f* взыскание по векселю.

Wechselbürge *m* авалит (по векселю).

Wechselbürgschaft *f* аваль, поручительство по векселю.

Wechseldeckung *f* покрытие (обеспечение векселя).

Wechseldiskont *m* учет векселя, дисконтирование векселя.

Wechseldiskontgeschäft *n* операции по учету векселя.

Wechselgiro *n* жиро, передаточная надпись на векселе.

Wechselindossament *n* индоссамент, передаточная надпись на векселе.

Wechselinkasso *n* получение причитающихся сумм по векселю.

Wechselklage *f* иск по векселю.

Wechselkredit *m* вексельный кредит. Кредит, основанный на переводе векселя.

Wechselkurs *m* вексельный (валютный курс).

Wechsellombard *m* букв. «вексельный ломбард». Предоставление банком векселя в заклад (в ссуду подо что-л.).

Wechselnehmer *m* (Syn.:Remittent *m*) ремитент (получатель суммы по векселю).

Wechselobligo *n* облиго, вексельное обязательство, вексельное поручительство.

Wertpapier *n* ценная бумага. В ФРГ: документ, в котором фиксируется частное право, причем реализация его невозможна без обладания такой бумагой.

Wertpapieranlage *f* (банковский) вклад в ценных бумагах.

Wertpapierbörse *f* биржа ценных бумаг, фондовая биржа.

«Wertpapiere» *pl* «ценные бумаги». Статья в активной части таблицы банковского баланса, включает только те ценные бумаги, которые являются собственностью самого банка, но не те, которые сданы на хранение клиентами.

Wertpapiergeschäft *n* (Syn.: Effektengeschäft *n*) операции с ценными бумагами.

Wertpapierkonto *n* (Syn.: Effek-

tenkonto *n*) банковский счет, на который заносятся ценные бумаги.

Wertpapierkredit *m* кредит на приобретение ценных бумаг. Кредит, предоставленный банком своим клиентам с целью покупки акций и (или) ценных бумаг под твердый процент.

Wertpapiermarkt *m* рынки ценных бумаг.

Wertpapierverwaltung *f* управление ценными бумагами (осуществляется банком по поручению клиентов).

Wirtschaftsprüfer *m* независимый ревизор отчетности, финансовый инспектор. В ФРГ: свободная профессия, представители которой, действуя по установленным правилам, проверяют деятельность прежде всего акционерных и кооперативных обществ и всех других кредитных учреждений, составляют официальное заключение по результатам проверки.

Wholesale Banking *n* [´houlseıl ˌbæŋkıŋ] (engl.) оптовые операции банков, *Großkundengeschäft n.* Антоним: *Retail Banking n* (engl.), *Privatkundengeschäft n.*

Z

Zahler *m* плательщик.

zahlfähig (Syn.:zahlungskräftig) платежеспособный.

Zahlung *f* платеж; взнос; уплата; ~ **auf Akkreditiv** платеж по аккредитиву; **eine ~ leisten** произвести платеж, внести деньги; **die ~ blieb aus** платеж не поступил; **eine ~ erhalten** получить деньги; **die ~ en einstellen** прекратить платежи; обьявить себя неплатежеспособным; **zur ~ kommen** подлежать оплате;. **gegen bare ~** за наличный расчет; **an ~ s statt** взамен платежа; **sich gegen die ~ sträuben** тянуть с платежом.

Zahlungsabkommen *n* (ZA) платежное соглашение. Договор, заключаемый между двумя или несколькими странами и устанавливающий систему и порядок осуществления международных расчетов (платежей) по торговым и неторговым операциям.

Zahlungsanweisung *f* (ZAnw) платежное поручение (плательщику); чек, ордер. Рас-

четный документ, содержащий поручение получателя плательщику о перечислении (переводе) определенной суммы на его счет на основе договора между плательщиком и получателем.

Zahlungsaufforderung *f* платежное требование. Расчетный документ, содержащий требование об определенном платеже через банк.

Zahlungsaufschub *m* (Syn.: Moratorium *n*) отсрочка платежа, мораторий. Продление первоначально установленного срока платежа по долговому обязательству на определенное время. Как правило, применяется в кризисных ситуациях (в случае войны и т.п.).

Zahlungsauftrag *m* платежное поручение (банку) - расчетный документ, содержащий поручение клиента банку о перечислении определенной суммы с его счета на счет получателя.

Zahlungsausgleich *m* балансирование платежей, (взаимные) расчеты.

Zahlungsbedingungen *pl* условия платежа.

Zahlungsbefehl *m* платежный приказ, приказ об уплате. Судебная повестка с требованием уплаты долга во избежание принудительного взыскания.

Zahlungsbereitschaft *f* готовность произвести платеж.

Zahlungsbilanz *f* платежный баланс. Соотношение сумм платежей, произведенных данной страной за гранией, и поступлений, полученных ею из-за границы, за определенный период.

Zahlungseinstellung *f* **1.** приостановление (прекращение) платежей (в межгосударственных экономических отношениях); **2.** приостановление платежей, несостоятельность, банкротство.

Zahlungsempfänger *m* получатель платежа.

zahlungsfähig (Syn.:zahlfähig, zahlungskräftig) платежеспособный.

Zahlungsfähigkeit *f* платежеспособность.

Zahlungsfrist *f* срок платежа (по обязательству).

Zahlungskredit *m* оборотный кредит.

Zahlungsmittel *n* средство платежа, платежное средство. Любой вид денег или заменяющих их обязательственных прав, используемых в расчетной системе.

Zahlungsmittelumlauf *m* обращаемые средства платежа. Денежная масса, совокупность

используемых в расчетной системе платежных средств, находящихся в обращении.

Zahlungsort *m* место платежа. Место, где должен быть произведен платеж по соответствующему платежному обязательству.

Zahlungspflicht *f* обязательство уплаты (долга и т.п.).

Zahlungsräume *pl* соглашение о многосторонних расчетах (существует между развитыми странами рыночной экономики).

Zahlungsrückstand *f* просроченный платеж.

Zahlungssperre *f* запрещение производить платежи; **es ist eine ~ verhängt worden** введен запрет производигь платежи.

Zahlungsstockung *f* приостановление платежей.

Zahlungsstundung *f* (Syn.: Zahlungsaufschub *m*) отсрочка платежа.

zahlungsunfähig неплатежеспособный, несостоятельный.

Zahlungsunfähigkeit *f* неплатежеспособность; несостоятельность. Финансовое положение должника, не позволяющее ему своевременно погашать свои платежные обязательства в течение продолжительного времени.

Zahlungsverbindlichkeiten *pl* платежные обязательства.

102

Zahlungsverkehr *m* 1. платежный оборот - часть денежного оборота, *Geldverkehr m*, где деньги в качестве средства платежа используются для погашения обязательств между субъектами экономики; 2. расчетная система, система расчетов; **bargeldloser ~** безналичный расчет.

Zahlungsverpflichtete Subst, *m, f* плательщик, должник.

Zahlungsverpflichtung *f* обязательство (обязанность) произвести платеж.

Zahlungsverweigerung *f* отказ произвести платеж.

Zahlungswertgrenze *f* платежно-стоимостной контингент.

Zahlungswesen *n* платежная система.

Zahlungsziel *n* (Syn.: Zahlungsfrist *f*) срок платежа (по долговому обязательству).

ZB (**Zentralbereich** *m* **einer Bank**) центральная сфера деятельности банка.

Zedent *m* цедент - лицо, уступающее требование другому лицу, *Zession f*.

zedieren *v* цедировать, уступать, переступать, передавать; **eine Forderung ~** уступать право требования; **in blanko ~** передавать (вексель) с бланковой надписью.

Zeichnung *f* (Syn.: Zeichnen *n*) подписка (на заем и т.п.).

Обязательство о покупке вновь выпускаемых ценных бумаг на определенную сумму; **eine Anleihe zur ~ auflegen** объявлять подписку на заем.

Zeitanlage *f* срочный вклад, *Termineinlage f*.

Zeitgeld *n*, meist **Zeitgelder** *pl* 1. деньги, находящиеся на срочном вкладе; 2. срочная ссуда, срочный заем.

Zeitgeschäft *n* сделка на срок, срочная сделка.

Zeitrente *f* (Syn.: Annuität *f*) срочная рента. Выплата в рассрочку ежегодными разовыми долями (долга либо процентов).

Zeitwert *m* амортизационная стоимость. Термин для обозначения фактической стоимости имущества, производства в определенный период времени. Исчисляется посредством соотнесения воспроизводительной стоимости и потерь от физического и морального износа при учете степени рентабельности.

Zentralbank *f* центральный банк. Как правило, главный банк страны с правом эмиссии банкнот, называемый также эмиссионным банком.

Zentralbankgeld *n* деньги центрального банка. В каждой стране признаются деньгами «высшего порядка», выпускаются центральным (эмиссионным) банком. Представляют собой обязательства центрального банка, покрываемые его активами, в.т.ч. золотом.

Zentralbankrat *m* центральный совет банка. Руководящий орган Немецкого федерального банка.

Zentralbereich *m* (einer Bank) (ZB)центральная сфера деятельности банка. Термин, используемый в банковском деле ФРГ для обозначения основного вида осуществляемых банком операций, а также основной территории, на которой распространяется его деятельность.

Zentraler Kapitalmarktausschuß *m* (ZKMA)центральная комиссия денежного рынка (ЦКДР) - Международная банковская организация, созданная в 1957 г. наиболее известными и влиятельными эмиссионными банками и банковскими группами. В задачу ЦКДР входит регулирование международного денежного рынка посредством определения оптимальных лимитов ссудных капиталов и наблюдение за своевременным осуществлением заемнокредитных операций. В работе ЦКДР

участвуют 11 представителей крупнейших центральных банков.

Zentralkassen *pl* центральные кассы. Главные учреждения ремесленных и сельскохозяйственных кредитных коопераций, *Volksbank f*, на региональном или национальном уровне, занимающиеся предоставлением кредитов и аккумулированием ресурсов.

Zero-Bond *m* (Syn.: Nullkupon-Anleihe *f*) нулевой бон, займ с нулевым купоном. Займ, без предоставления процентного купона, т.е. займ, по которому не производится переодической уплаты процентов. Начисление процентов по такому займу происходит за счет того, что эмиссионный курс ценной бумаги, переданной кредитору при займе, становится значительно ниже реального курса ее котировки.

Zertifikat *n* сертификат. Документ, свидетельствующий о депонировании средств клиента в банке.

Zession *f* цессия, уступка требования старого кредитора (цедента) новому (цессонарию).

Zessionar *m* (Zessionär *m*) цессионарий, приобретатель уступленного требования.

Zessionskredit *m* цессионный кредит, кредит, предоставляемый для приобретения уступленного требования.

Zessionsprüfung *f* цессионный контроль. Проверка наличия и общей суммы уступленных требований посредством ознакомления с бухгалтерскими документами и договорами цедента, *Zedent m*, с целью предоставления ему кредита.

Ziehung *f* трассировка (векселя).

Ziehungsliste *f* тиражная таблица, таблица погашения займов (по облигациям).

Ziehungsrecht *n*, meist **Ziehungsrechte** *pl* (engl. Special Drawing Rights SDR) право заимствования, в большинстве случаев - специальные права заимствования, *Special Drawing Rights-SDR*, стран-участниц Международного валютного фонда, *Internationaler Währungsfonds m,* получать из него средства для регулирования сальдо своего платежного баланса.

Zielgeschäft *n* (Syn.: Zeitgeschäft *n*, Termingeschäft *n*) сделка на срок, срочная сделка.

Zins *m* процент (доход с капитала). Плата, получаемая кредитором от заемщика за

пользование ссуженными деньгами или материальными ценностями. Определяется соотношением кредитных предложений и спросов на кредитном рынке; **Zinsen tragen (bringen)** приносить (давать) проценты (доход); **die ~ zum Kapital schlagen** превратить проценты в капитал; **Geld auf ~ geben (leihen, legen)** давать деньги в рост;. **(jdm. D) ein Darlehen mit ~ zurückzahlen** выплатить кому-л. долг с процентами; **von den (seinen) ~ leben** жить на проценты (с капитала); **Wohltun bringt ~** пословица: добрые дела приносят свои плоды.

Zinsabbau *m* понижение процента (дохода с капитала).

Zinsabkommen *n* (ZA) соглашение о процентах по кредиту.

Zinsabzug *m* вычет (удержание) процентов.

Zinsänderungsrisiko *n* риск, возникающий по причине изменения процентной ставки.

Zinsanrechnung *f* начисление процентов.

Zinsanspruch *m* право (притязание) на получение процентов.

Zinsarbitrage *f* процентный арбитраж. Сделка с целью извлечения прибыли за счет разницы в процентных ставках различным валютам. Средство международного движения капитала, возможное только в условиях ограничений на валютные операции.

zinsbar приносящий проценты (доход).

Zinsberechnung *f* (Zinsenberechnung *f*) вычисление процента (по учету).

Zinsbezug *m* взимание процентов.

Zinsbogen *m* купонный лист от процентной бумаги.

zinsen *v* 1. платить проценты; 2. приносить проценты.

Zinsenausfall *m* потеря процентов.

Zinsendienst *m* выплата процентов по займам.

zinsenfrei (zinsfrei) беспроцентный (о ссуде и т.п.).

Zinsgenuß *m* пользование процентами; **mit ~ vom 1. Juli an** с начислением процентов с 1 июля.

Zinskonto *n* счет процентов.

Zinsertragsbilanz *f* баланс рентабельности процентов - некомпенсированный баланс, в котором к отдельным активам и пассивам прибавляются средние процентные ставки.

Zinseszinsen *pl* сложные проценты. Проценты, начисляемые на неуплаченные про-

центы; прибавляются к капиталу («капитализируются») и облагаются процентами вместе с ним.

zinsfällig с уплатой процентов.

Zinsfestschreibung *f* фиксирование процента. Договоренность об установлении твердого (фиксированного) процента с капитала на определенный срок, часто независимо от срока предоставления кредита.

Zinsform *f* процентная форма.

Zinsformel *f* формула для исчисления процентов.

Zinsfreigabe *f* освобождение процентной ставки.

Zinsfuß *m* (Zf) (Syn.:Zinssatz *m*) процентная ставка.

Zinsfußerhöhung *f* повышение процетной ставки.

Zinsfußermäßigung *f* уменьшение (понижение) процентной ставки.

Zinsgarantie *f* гарантирование процента.

Zinsgefälle *n* процентная разница. Различие в процентных ставках в разных местах, особенно в разных странах, стимулирующее приток капиталов в страну, где установлены более высокие процентные ставки.

Zinsherabsetzung *f* (Syn.: Zinsabbau *m*) понижение процента (дохода с капитала).

Zinsindexierung *f* процентная индексация. Определение номинальной процентной ставки на индекс цен с целью недопущения потерь в реальной стоимости сберегаемого имущества и сокращения доходов с процентов капитала.

Zinsinkongruenz *f* (Syn.: Zinsgefälle *n*) неконгруентность процентов (процентная разность).

Zinskonversion *f* конверсия процентов (по займам). Изменение процентной ставки по займу посредством конверсии.

Zinskupon *m* (Syn.:Zinsschein *m*) купон (от процентной бумаги).

Zinsleiste *f* талон (от процентной бумаги).

Zinsliberalisierung *f* либерализация процентов.

zinslos (Syn.:zinsfrei, zinsenfrei) беспроцентный.

Zinsmechanismus *m* процентный механизм. Метод в денежной политике, использующий увеличение (сокращение) денежной массы для снижения (повышения) процентных ставок и тем самым помогающий расширять (ограничивать) инвестиционную деятельность.

Zinsniveau *n* уровень процентных ставок.

Zinsnote *f* (Zinsrechnung *f*) исчисление процентов.

Zinsrechnung *f* исчисление процентов.

Zinsreduktion *f* (Syn.:Zinsabbau *m*, Zinsherabsetzung *f*) процентная редукция. Снижение номинальной процентной ставки.

Zinsregelung *f* регулирование процентов, унификация процентов. Установление государством либо по договоренности между банками страны обязательных единых ставок в банковском деле, распространено в целом ряде стран.

Zinsreglementierung *f* регламентация процентов, регулирование процентов.

Zinssatz *m* (Syn.:Zinsfuß *m*) процентная ставка, уровень процента.

Zinsschein *m* (Syn.:Zinskupon *m*, Kupon *m*) купон (от процентной бумаги), процентный купон.

Zinsspanne *f* (Syn.:Zinsmarge *f*) разница между процентными ставками; процентная маржа, *Marge f.* Разница между процентными ставками по активным и пассивным операциям.

Zinsspannenrechnung *f* калькуляции, подсчет разницы между процентными ставками, *Zinsspanne f.* Проводится кредитными институтами для анализа структуры прибылей и убытков.

Zinsstrukturtheorie *f* теория процентной структуры. Финансово-экономическая теория, раскрывающая причины различий в процентных ставках на разных кредитных рынках.

Zinsswap *m* [-swɔp] (engl.) процентный «своп». Недавно возникшая форма финансирования на евровалютном рынке, при которой два кредитополучателя (как правило, в разных странах) взаимно обязуются выполнять процентные обязательства друг друга, что при равных заемных средствах выгодно вследствии различия в процентных ставках разных стран.

Zinstabelle *f* таблица вычисления сложных процентов.

Zinstag *m* день уплаты процентов.

Zinstermin *m* срок выплаты процентов.

zinstragend приносящий проценты; ~ **es Kapital** капитал, приносящий проценты; ~ **e Papiere** процентные бумаги.

zinsvariable Anleihe *f* (engl. Floating Rate Note) [ˌfloutɪŋ ˊreit ˌnout] займ с плавающим процентом. Займ с периодическим приспосаблива-

нием процентов к какому-л. определенному процентному курсу на денежном рынке.

zinsweise в виде процентов.

Zinswucher *m* ростовщичество. денежная ссуда, предоставляемая при условии уплаты заемщиком ростовщических (т.е. непомерно высоких) процентов.

Zinszahl *f* (Zz) процентное число.

Zirkularkreditbrief *m* циркулярное аккредитивное письмо, циркулярный аккредитив. Аккредитив, который может быть принят во всех банках-корреспондентах выдавшего его банка.

Zirkulationsmittel *pl* (Syn.: Umsatzmittel *pl*) средства обращения, оборотные средства.

Zirkulationsreserve *f* оборотный резерв.

Zoll *m* 1. пошлина; таможенный тариф; 2. таможня, (*Zollamt n*); ~ **zahlen** (entrichten) платить пошлину; **einem ~ unterliegen** подлежать оплате пошлиной; **etw. A mit ~ belegen** обложить пошлиной.

Zollbegünstigung *f* таможенная льгота.

Zollerhebung *f* взыскание пошлины.

Zollfreiheit *f* 1. право на освобождение от таможенных пошлин; 2. режим свободного (беспошлинного) таможенного оборота.

Zollfreizone *f* зона франко (свободная от таможенного обложения).

Zolltarif *m* (ZT) таможенный тариф. Перечень таможенных пошлин какой-л. страны.

Zollunion *f* таможенный союз, таможенная уния. Соглашение двух или нескольких государство создании единой таможенной территории (т.е. упразднении таможенных пошлин между ними и введении единого таможенного тарифа).

Zollwert *m* товарная цена, взятая за основу при начислении пошлины.

Zulassung *f* бирж. допуск ценных бумаг к продаже на бирже.

Zusatzaktie *f* (Syn.: Berichtigungsaktie *f*) дополнительная акция

Zuschlag *m* **1.** доплата, дополнительная плата; наценка; **2.** бирж. последний удар молотка аукциониста; заказ, подряд, присуждаемый на публичных торгах какой-л. фирме, либо вещь, присуждаемая на аукционе какому-л. лицу; **der ~ erfolgte an A** заказ достался (вещь досталась) кому-л; кто-л., стал

обладателем (проданной вещи).

Zuschlaggebühr *f* дополнительный (к тарифу) сбор.

Zuschuß *m* (Syn.:Subvention *f*) субсидия, дотация; **~ gewähren** предоставлять субсидию.

Zuschußkapital *n* дополнительный капитал.

Zuverlässigkeit *f* (eines Schuldners) (Syn.:Zahlungsfähigkeit*f*) надежность (должника), т.е. его платежеспособность.

Zuzahlung *f* доплата. Добровольное безвозмездное внесение акционером определенной суммы в фонд акционерного общества с целью получения привилегий, в основном в форме привилегированных акций, *Vorzugsaktie f.*

Zwangsanleihe *f* принудительный заем. Заем, подписка на который осуществляется в порядке принуждения со стороны государства.

Zwangskurs *m* принудительный курс. Устанавливаемый государством курс банкнот, по которому банкноты должны приниматься в принудительном порядке и неограниченном количестве; при этом обязательство центрального банка по золотому покрытию этих банкнот отсутствует.

Zwangspreis *m* обязательная (госудаственная) цена.

Zwangssparen *n* принудительные накопления.

Zwangsvergleich *m* утвержденная
судом мировая сделка кредиторов с должником, обязательная для всех кредиторов.

Zwangsversteigerung *f* продажа
недвижимого имущества с
публичного торга (в порядке
принудительного исполне-
ния судебного решения);
принудительная продажа с
аукциона.

Zwangsverwaltung *f* (Zw Verw)
секвестрация, принудительное управление (имущест-
вом).

Zwangsvollstreckung *f* (Zv oder
ZwV) принудительное взыс-
кание, принудительное приведение в исполнение судебного решения.

Zwecksparen *n* целевое накопление.

Zweigniederlassung *f* (Syn.: Zweigstelle *f*, Bankfiliale *f*) филиал,
отделение (банка).

Zwischenbilanz *f* промежуточный баланс (банка). Отчет

банка о состоянии дел в течение финансового года,
производимый ежедневно,
ежемесячно, ежеквартально
либо раз в полгода.

Zwischenkredit *m* промежуточный кредит. Краткосрочный
кредит, используемый при
предварительном финанси-
ровании, *Vorfinanzierung f*, до
его замены на уже условлен-
ный долгосрочный кредит.

Zwischenzins *m* промежуточный
процент. Учетный процент,
вычисляемый из процентов
по долговому обязательству в
случае досрочной выплаты
долга.

zyklische Werte *pl* циклические
ценности. Акции предприя-
тий, эффективность которых
подвержена значительным
колебаниям ввиду их спе-
цифических производствен-
ных программ, сильной зависимости от коньюнктуры
рынка и других особеннос-
тей, что влечет за собой сильные изменения в курсе ак-
ций.

РУССКО-НЕМЕЦКОЕ ПРИЛОЖЕНИЕ

RUSSISCH-DEUTSCHER ANHANG

А

абсолютная рента *ж*
  absolute Rente *f*, 79
авалит *м* (по векселю)
  Wechselbürge *m*, 99
аваль *м*
  Aval *m*, 12
аваль (по векселю)
  Wechselbürgschaft *f*, 99
авальный кредит *м*
  Avalkredit *m*, 12
  Bürgschaftskredit *m*, 28
аванс *м*
  Vorschuß *m*, 98
авансированный капитал *м*
  Kapitalvorschuß *m*, 55
авуары (кредиты, активы) *мн*
  Habenbestände *pl*, 47
ажио *с*
  Agio *n*, 9
аквизитация кредитов *ж*
  Kreditakquisition *f*, 57
аккредитив *м*
  Akkreditiv *n*, 9
  Kreditbrief *m*, 57
актив «ностро» *м*
  Nostroguthaben *n*, 67
активные банковские операции *мн*
  Aktivgeschäfte *pl*, 9

активы *мн*
  Aktiva *pl*, 9
  Assets *pl*, 11
активы и пассивы *мн*
  Assets & Liabilities *pl*, 11
акцепт *м*
  Akzept *n*, 9
акцептный кредит *м*
  Akzeptkredit *m*, 9
акционер *м*
  Akienbesitzer *m*, 9
  Aktieninhaber *m*, 9
  Aktionär *m*, 9
акционерная компания *ж*
  Kapitalgesellschaft *f*, 55
акционерное общество *с*
  Joint Stock Corporation *f*, 54
  Kapitalgesellschaft *f*, 55
акционерный капитал *м*
  Aktienkapital *n*, 9
акция *ж*
  Aktie *f*, 9
  Share *m*, 83
акции этой фирмы котируются по 250 долларов
  die Aktien dieser Firma werden mit 250 Dollar notiert, 68
альпари (по номинальной стоимости)
  pari, 71
альпари - эмиссия *ж*
  Pari-Emission *f*, 71
амортизационная стоимость *ж*
  Zeitwert *m*, 103
амортизация *ж*
  Abschreibung *f*, 9
анализ баланса *м*
  Bilanzanalyse *f*, 23

анализ годового баланса *м*
Jahresabschlußanalyse *f*, 54
анализ портфеля *м*
Portefeuille-Analyse *f*, 73
Portfolio-Analyse *f*, 73
аннуитет *м*
Annuität *f*, 10
аннулирование *с*
Abschreibung *f*, 9
Löschung *f*, 63
аннулировать
stornieren *v*, 85
антиципация *ж*
Antizipation *f*, 11
арбитраж *м*
Arbitrage *f*, 11
арбитражная сделка *ж*
Arbitragegeschäft *n*, 11
ассигнование *с*
Geldbewilligung *f*, 44
ассигновка *ж*
Geldanweisung *f*, 44
аудит *м*
Audit *m,n*, 11
аукцион *м*
Auktion *f*, 11

Б

базовая цена *ж*
Basispreis *m*, 21
баланс *м*
Bilanz *f*, 23
баланс банка *м*
Bankbilanz *f*, 14

баланс капитала *м*
Kapitalbilanz *f*, 55
баланс ликвидности *м*
Liquiditätsbilanz *f*, 62
баланс производства *м*
Leistungsbilanz *f*, 61
баланс рентабельности процентов *м*
Zinsertragsbilanz *f*, 106
балансирование *с* **платежей**
Zahlungsausgleich *m*, 101
балансовая бухгалтерия *ж*
Bilanzbuchhaltung *f*, 24
балансовая операция *ж*
Bilanzgeschäft *n*, 24
балансовая политика *ж*
Bilanzpolitik *f*, 24
балансовый доход *м* (балансовая прибыль *ж*)
Bilanzgewinn *m*, 24
балансовый курс *м*
Bilanzkurs *m*, 24
банк *м*
Bank *f*, 13
банк данных *м*
Datenbank *f*, 30
Datenbanksystem *n*, 30
«банк-д'афер» *м*
banques d'affaires, 20
«банк-де депо» *м*
banques de depots, 20
Банк международных расчетов (БМР)
Bank für internationalen Zahlungsausgleich (BIZ) *f*, 14
«банк-микст» *м*
banques mixtes, 21
банк на земельном уровне *м*

Landesbank *f*, 60

банк, находящийся под контролем другого банка
Bankkommandite *n*, 18

банки ценных бумаг *мн*
Effektenbanken *pl*, 37

банкир *м*
Bankier *m*, 18

банкирская контора *ж*
Bankgeschäft *n*, 17

банкнот *м* (банковский билет *м*, денежная купюра *ж*)
Banknote *f*, 19
Note *f*, 68

банкнот (кредитный билет *м*)
Banknote *f*, 19

банковская акция *ж*
Bankanteil *n*, 14
Bankaktie *f*, 14

банковская бухгалтерия *ж*
Bankbuchhaltung *f*, 15

банковская гарантия *ж*
Bankgarantie *f*, 17

банковская ликвидность *ж*
Bankenliquidität *f*, 16
Bankliquidität *f*, 19

банковская облигация *ж*
Bankschuldverschreibung *f*, 20

банковская операция *ж*
Bankgeschäft *n*, 17

банковская организация (организация банковского дела) *ж*
Bankorganisation *f*, 19

банковская политика *ж*
Bankpolitik *f*, 19

банковская ревизия *ж*
Bankrevision *f*, 20

банковская система *ж*

Banksystem *f*, 16

банковская ссуда *ж*
Bankdarlehen *f*, 15

банковская эмиссия *ж*
Bankemission *f*, 15

банковские вычисления *мн* (банковская арифметика *ж*)
Bankrechnen *n*, 19

банковские услуги *мн*
Bankleistungen *pl*, 18
Dienstleistungsgeschäfte *pl*, 18

банковский акцепт *м*
Bankakzept *n*, 14

банковский билет достоинством в 100 немецких марок
eine Note über 100 DM, 68

банковский депозит *м* (банковский вклад *м*)
Bankdeposit(um) *n*, 15

банковский картель *м*
Bankenkartell *n*, 16

банковский маркетинг *м*
Bankmarketing *n*, 19

«банковский отзыв» *м*
Bankauskunft *f*, 14

банковский перевод *м*
Banküberweisung *f*, 20

банковский счет *м* **ценных бумаг**
Wertpapierkonto *n*, 100

банковский учет *м* (банковский дисконт *м*)
Bankdiskont *m*, 15

«Банковских отделений больше, чем автозаправочных станций» (шутка)
Mehr Bankstellen als Tankstellen, 20

банковское законодательство *с*
Bankengesetzgebung *f*, 15

банковское объединение *с*
Bankenverband *m*, 16

банковское покрытие *с*
Bankdeckung *f*, 15

банковское учреждение *с*
Bankbetrieb *n*, 14

банковый пай *м*
Bankanteilsschein *m*, 14

банкрот *м*
Bankrotteur *m*, 20

банкротство *с*
Bankrott *m*, 20
Konkurs *m*, 56

бартерная сделка *ж* (бартерная операция *ж*, бартер *м*)
Bartergeschäft *n*, 21

безналичный платежный оборот *м*
unbarer Zahlungsverkehr *m*, 92
Überweisungsverkehr *m*, 92

безналичный расчет *м*
bargeldloser Zahlungsverkehr *m*, 21, 103

беспроцентный
zinsenfrei, 106
zinsfrei, 106
zinslos, 107

бессрочные вклады *мн*
Sichteinlagen *pl*, 84

бессрочные поручительства *мн*
Kautionen auf Sicht *pl*, 56

бессрочные ссуды *мн*
Ausleihungen Sicht *pl*, 12

«бетонное золото» *с*
Betongold *n*, 23

бизнес *м*
Geschäft *n*, 45

биржа *ж*
Börse *f*, 25

— к концу дня дела на бирже шли хорошо (вяло)
die Börse schloß gut (schlecht), 25

— покупать на бирже
an der Börse kaufen, 25

— отправиться на биржу
auf die Börse gehen, 25

биржа ценных бумаг *ж*
Wertpapierbörse *f*, 100

биржевая или банковская операция *ж*, в которой в качестве клиента выступает фирма
Firmenkundengeschäft *n*, 41

биржевая капитализация *ж*
Börsenkapitalisierung *f*, 26

биржевая паника *ж*
Run *m*, 81

биржевая сделка *ж*
Börsengeschäft *n*, 26

биржевое место *с*
Börsenplatz *m*, 26

«биржевое письмо» *с*
Börsenbrief *m*, 26

биржевое право *с*
Börsenrecht *n*, 26

биржевой бюллетень *м*
Börsenbericht *m*, 26
Kurszettel *m*, 59

биржевой делец *м* (джоббер *м*)
Börsenjobber *m*, 26

биржевой заказ *м*
Börsenauftrag *m*, 25

биржевой игрок *м*
Börsenspieler *m*, 26
биржевой комитет *м*
Börsenvorstand *m*, 27
биржевой курс *м*
Börsenkurs *m*, 26
биржевой маклер *м*
Börsenmakler *m*, 26
биржевой отдел *м*
Börsenabteilung *f*, 25
биржевой спекулянт *м*
Börsenschieber *m*, 26
Börsenspekulant *m*, 26
Faiseur *m*, 39
биржевой устав *м*
Börsenordnung *f*, 26
биржевые бумаги (биржевые
ценности) *мн*
Börsenpapiere *pl*, 26
биржевые обычаи *мн*
Börsenusancen *pl*, 26
биржевые операции на
срок *мн*
Börsenterminhandel *m*, 26
биржевые сделки *мн* (биржевой оборот *м*)
Börsenverkehr *m*, 27
биржевые ценные бумаги *мн*
(«штуки» *мн*)
Stücke *pl*, 85
биржи ценных бумаг *мн*
Effektenbörsen *pl*, 37
благоприятная   конъюнктура
ж для продажи
Verkäufermarkt *m*, 95
благоприятствовать развитию
торговли
den Handel *m* begünstigen, 48

бланкетное обязательство *с*
Blankett *n*, 24
бланко-вексель *м*
Blankowechsel *m*, 24
бланко-жиро   *с* (бланковый
индоссамент *м*)
Blankogiro *n*, 24
Blankoindossament *n*, 24
бланковая цессия *ж*
Blankozession *f*, 24
бланковый
Blanko *n*, 24
бланковый акцепт *м*
Blankoakzept *n*, 24
бланковый кредит *м*
Blankokredit *m*, 24
блокирование (счета) *с*
Sperrfrist *f*, 85
блокированный счет *м*
Sperrkonto *n*, 84
«блуждающий» капитал *м*
vagabundierendes Kapital *n*, 93
«блю чипс» *мн*
Blue Chips *pl*, 24
бон,-ы *м, мн*
Bond *m*, Bonds *pl* , 25
бонитет *м* (добропорядочность,
солидная репутация *ж*)
Bonität *f*, 25
бонификация   *ж*   (возмещение *с*)
Bonifikation *f*, 25
Vergütung *f*, 95
бонус *м*
Bonus *m*, 25
брать аванс
sich D einen Vorschuß *m* geben
lassen, 98

брокер _м_ (биржевой маклер _м_)
Broker _m_, 27

«бросовые облигации» _мн_
Junk Bonds _pl_, 25, 54

брутто
brutto, 27

бумажная валюта _ж_
Papierwährung _f_, 71

бумажные деньги _мн_
Papiergeld _n_, 71

бухгалтерия _ж_ (ведение бухгалтерских книг _с_)
Bankbuchhaltung _f_, 15
Buchführung _f_, 27
Rechnungsführung _f_, 78

бухгалтерия _ж_ (работа _ж_, помещение _с_)
Bankbuchhaltung _f_, 15
Buchhaltung _f_, 27

бухгалтерская запись _ж_
Buchung _f_, 27

«бык» _м_
Bulle _m_, 27

«бэк-ап-фасилитиз» _мн_
Back-up-Fazilitäten _pl_
(oder-Facilities), 13

«бэнк-холидей» _м_
Bank-holiday, 18

«бэнкинг-бай-мэйл» _м_
banking by mail, 18

бюджетная комиссия _ж_
Haushaltsausschuß _m_, 50

бюджетное предложение _с_
Haushaltsansatz _m_, 50

бюллетень _м_ **курсов иностранной валюты**
Sortenzettel _m_, 84

В

валовая прибыль _ж_
Bruttogewinn _m_, 27

валовой доход _м_
Bruttoeinkommen _n_, 27
Bruttoertrag _m_, 27
Bruttogewinn _m_, 27

валюта _ж_
Devisen _pl_, 33
Valuta _f_, Valuten _pl_, 93
Währung _f_, 99

валюта (иностранная)
Devisen _pl_, 33

— **вывоз инвалюты**
Devisenausfuhr _f_, 34

— **заплатить в валюте**
etw. A in Devisen entrichten, 33

— **запрещение вывоза инвалюты**
Devisenausfuhrsperre _f_, 34

— **контрабандный провоз валюты**
Devisenschmuggel _m_, 34

— **котировка иностранной валюты**
Devisennotierung _f_, 34

— **купить за валюту что-либо**
etw. A mit Devisen kaufen, 33

— **поступление иностранной валюты**
Deviseneinnahmen _pl_, 34

вексель *м*
Wechsel *m*, 99
Brief *m*, 27
Geldersatz *m*, 44
вексель в рассрочку
Ratenwechsel *m*, 77
вексель во владении (переводной), римесса *ж*
Besitzwechsel *m*, *22*
вексель, день платежа по которому зафиксирован в тексте
Tageswechsel *m*, 86
Tagwechsel *m*, 86
вексель, подлежащий оплате по предъявлении
Sichtwechsel *m*, 84
вексель, подлежащий оплате через определенный срок после предъявления
Nachsichtwechsel *m*, 66
вексель, принимаемый к учету в банке
bankfähiger Wechsel *m*, 17
вексель со сроком, исчисленным до конца выдачи
Datowechsel *m*, 30
вексель, у которого место выставления не совпадает с местом платежа
Versandwechsel *m*, 96
вексельное обязательство *с*
Wechselobligo *n*, 100
вексельное поручительство *с*, аваль
Aval *m*, 12
вексельный кредит *м*
Wechselkredit *m*, 99
вексельный курс *м*

Wechselkurs *m*, 100
«вексельный ломбард» *м*
Wechsellombard *m*, 100
венчур *м*
Venture *n*, 94
вербовка (клиентов, покупателей) *ж*
Akquisition *f*, 9
вести торговые переговоры
Handelsverhandlungen *pl* führen, 49
«вещное инвестированное имущество» *с*
Sachanlagevermögen *n*, 82
«вещные вклады» *мн*
Sacheinlagen *pl*, 82
«вещный» капитал *м*
Sachkapital *m*, 82
«вещный» кредит *м*
Sachkredit *m*, 82
взаимная оплата *ж* расходов
franko gegen franko, 42
взамен платежа
an Zahlungs statt, 101
взимание *с* пошлины
Zollerhebung *f*, 108
взимание процентов
Zinsbezug *m*, 106
взнос *м*
Quote *f*, 76
Zahlung *f*, 101
взнос (при оплате в рассрочку)
Rate *f*, 77
взносы *мн*
Einzahlungen *pl*, 38
взыскание *с* по векселю
Wechselbeitreibung *f*, 99
взять деньги (вынуть вклад) из

банка
Geld *n* (die Einlage) von der
Bank abheben, 13
взять ссуду
ein Darlehen *n* aufnehmen, 30
вклад *м*
Deposition *f*, Depot *n*, 32
Einlage *f*, 32
вклад в ценных бумагах (в банке)
Wertpapieranlage *f*, 100
**вклад доверительного капи-
тала**
Treuhandanlage *f*, 90
вклад до востребования
Einlage *f* auf Sicht, 37
вкладчик *м*
Anleger *m*, 10
Geldeinzahler *m*, 44
вкладчик (сберегательной кассы)
Sparer *m*, 84
вклады *мн* (в сберкассу или в
банк)
Spareinlagen *pl*, 84
вклады (клиентов в банке)
Kundeneinlagen *pl*, 59
вклады на жиро-счете
Giroeinlagen *pl*, 45
владелец *м* **акций, акционер**
Aktionär *m*, Aktienbesitzer *m*, 9
владелец доли капитала (пайщик *м*)
Anteilbesitzer *m*, 11
Anteilhaber *m*, 9
вложение *с*
Deposition *f*, 32
вложение *с* **денег**

Investment *n*, 53
Geldanlage *f*, 44
вложение *с* **состояния**
Vermögensanlage *f*, 95
Kapitalanlage *f*, 55
внебалансовые операции *мн*
Außerbilanzgeschäfte *pl*, 12
внесение *с* **в депозит** (депонирование *с*)
Hinterlegung *f*, 51
внести деньги *мн*
eine Zahlung *f* leisten, 101
вносить в депозит
deponieren *v*, 32
внутренний банк *м* **учреждения**
Hausbank *f*, 50
возмещение *с*
Rückerstattung *f*, 81
Rückvergütung *f*, 81
возмещение убытков
Vergütung *f*, 95
возможности *мн*
Fazilitäten *pl*, 39
возражение *с* **поручителя против предъявляемого ему
кредитором иска о предварительном обращении взыска-
ния на имущество**
Vorausklage *f*, 97
**войти в торговые пере-
говоры** *мн*
in Handelsverhandlungen *pl*
treten, 49
волятилитет *м*
Volatilität *f*, 97
«время на обдумывание» (вексельное право *с*)
Bedenkfrist *f*, 22

второе поручительство *c*
Rückbürgschaft *f*, 81

входить в состав правления *c*
dem Vorstand angehören, 98

выдача *ж* **взаймы**
Ausleihung *f*, 11

выдача ссуд под залог
Pfandleihe *f*, 72

выигрышный вклад *м* **в сберкассе**
Prämiensparen *n*, 73

выигрышный заем *м*
Prämienanleihe *f*, 73

выкуп *м*
Buyout *m*, 28

выплата *ж* **по займу**
Anleihezahlung *f*, 10

выплата процентов по займам
Zinsendienst *m*, 106

**выплатить кому-л. долг с
процентами**
jdm. D ein Darlehen mit Zinsen zurückzahlen, 105

выплачиваемый ежегодно
annuitätisch, 10

выплачивать дивиденды *мн*
Dividenden ausschütten, 36

выпускать банкноты *мн* (производить эмиссию банкнот)
Noten ausgeben, 68

выпуск *м* **ценных бумаг, эмиссия**
Emission *f*, 38

выручка *ж*
Einnahmen *pl*, 37
Ertrag *m*, 38

выставлять тратту *ж* (трассировать)
trassieren *v*, 90

высшая коммерческая школа *ж*
Handelshochschule (HH) *f*, 49

вычет *м* **из заработной платы**
Lohnabzug *m*, 63

вычет (удержание *с*) **процентов**
Zinsabzug *m*, 105

вычисление *с* **процента** (по
учету)
Zinsberechnung *f*, 106
Zinsenberechnung *f*, 106

вычисление учетного процента
Diskontberechnung *f*, 35

**выше номинальной стои-
мости** *ж*
über pari, 71

Г

гарант *м*
Garant *m*, 44

гарантии *мн*
Gewährleistungen *pl*, 45
Securities *pl*, 83

гарантии (при кредитных операциях)
Sicherheiten *pl*, 83

гарантийная квитанция *ж*
Garantieschein *m*, 44

гарантийная операция *ж*
Garantiegeschäft *n*, 44

гарантийное письмо *с*
Garantiebrief *m*, 44
Hafterklärung *f*, 47

гарантийное обязательство *с*
Garantieverpflichtung *f*, 44

гарантийное страхование *с*
Haftpflichtversicherung *f*, 47
гарантийный (банковский)
фонд *м*
Delkrederefonds *m*, 32
гарантирование *с* процента
Zinsgarantie *f*, 106
гарантированный капитал *м*
Haftkapital *n*, 47
гарантия *ж*
Garantie *f*, 44
Deckung *f*, 31
Delkrederehaftung *f*, 32
Sicherheit *f*, 83
гарантия кредита
Kreditsicherung *f*, 58
гибкий обменный курс *м*
flexibler Wechselkurs *m*, 42
fluktuierender Wechselkurs
m, 42
государственный бюджет *м*
öffentlicher Haushalt *m*, 69
готовность *ж* произвести пла-
теж
Zahlungsbereitschaft *f*, 102
главный филиал *м* (банка)
Hauptfiliale *f* (einer Bank), 50
глобальное управление *с* лик-
видностью
Global Treasury *f*, 45
годовая производительность *ж*
(годовая выработка *ж*)
Jahresleistung *f*, 54
годовой баланс *м*
Jahresabschluß *m*, 54
Jahresbilanz *f*, 54
годовой дивиденд *м*
Jahresprofitanteil *n*, 54

годовой доход *м*
Jahresgewinn *m*, 54
годовой купон *м* (годовой талон *м*)
Jahresabschnitt *m*, 54
гонорант *м*
Honorant *m*, 51
гонорат *м*
Honorat *m*, 51
**государственный контроль над
частными банками** *м*
Bankaufsicht *f*, 14
готовые изделия *мн*, закупаемые промышленными пред-
приятиями для комплекто-
вания выпускаемой ими
продукции
Handelsware *f*, 49
Handelswaren *pl*, 49
грационные дни (льготные
дни *мн*)
Respekttage *pl*, 80
Banktage *pl*, 20

Д

давать деньги *мн* **в рост**
Geld auf Zinsen geben (~ leihen, ~ legen), 105
давать (ссуду *ж*) **под заклад**
lombardieren *v*, 63
дать что - л. под залог
etw.A gegen Pfand leihen, 72
движение *с* **курса**
Kursbewegung *f*, 59

движимое имущество *с*
bewegliches Vermögen *n*, 95

двойная валюта *ж*
Doppelwährung *f*, 36

дебет *м*, активы
Aktiva *pl*, 9
Debet *n*, 30
Soll *n*, 84

дебет и кредит *м*
(das) Soll und (das) Haben, 47, 84

дебетовое сальдо *с*
Debetsaldo *m*, 30
Sollbestand *m*, 84

дебетировать что - л.
debitieren *v*, 30

дебитор *м*
Debitor *m*, 30

девальвация *ж*
Geldabwertung *f*, 44

девизовые (инвалютные) резервы *мн*
Devisenstock *m*, 34

девизовый голод *м*
Devisenarmut *f*, 34

девизовый отдел *м* банка
Devisenabteilung *f*, 33

девизы *мн*
Devisen *pl*, 33

«деловые» (коммерческие) банки *мн*
Geschäftsbanken *pl*, 45

делькредере *с*
Delkredere *n*, 32

- комиссионное вознаграждение *с* за делькредере
Delkredereprovision *f*, 32

- принять на себя делькредере

(гарантию) за кого - л.
das Delkredere für jdn. A übernehmen; das Delkredere für jdn. A stehen, 32

- принять участие в половинном размере
bis zur Hälfte Delkredere stehen, 32

- риск *м* по делькредере
Delkredererisiko *n*, 32

демпинговые цены *мн*
Dumpingpreise *pl* (oder Dumping-Preise *pl*), 36

денационализация *ж* (реприватизация *ж*)
Reprivatisierung *f*, 79

денежная масса *ж*
Geldmenge *f*, 45

денежная наличность *ж*
Kasse(n)bestand *m*, 56

денежная операция *ж*
Geldgeschäft *n*, 45

денежное обращение *с*
Geldumlauf *m*, 45
Geldumsatz *m*, 45

денежное требование *с*
Geldforderung *f*, 44

денежные единицы *мн* (различных стран)
Valuten *pl*, 93

денежные средства *мн* на бессрочных вкладах
Sichtgelder *pl*, 84

денежные фонды *мн*
Geldbestand *m*, 44

денежный
finanziell, 41

денежный вклад *м*

Geldeinlage *f*, 44

«денежный» капитал *м*
Geldkapital *m*, 44

денежный оборот *м*
Geldverkehr *m*, 45

денежный перевод *м*
Geldanweisung *f, 1*, 44
gezogener Wechsel *m*, 99

денежный резерв *м*
Reserven *pl*, 79
Rücklage *f*, 81
meist Rücklagen *pl*, 81

денежный рынок *м*
Kapitalmarkt *m* 1, 55

день *м* **платежа**
Fälligkeitstag *m*, 39

**день приобретения клиентом
вновь выпущенных ценных
бумаг**
Bezugstag *m*, 23

день уплаты по векселю
Verfallstag *m*, 94

день уплаты процентов
Zinstag *m*, 108

деньги *мн*
Geld *n*, 44

**деньги, вложенные на текущий
счет**
Depositengeld *n*, 32

**деньги, находящиеся на сроч-
ном вкладе**
Zeitgeld *n*, 103
meist Zeitgelder *pl*, 103

деньги, принимаемые банком
Banko *n*, 19

деньги центрального банка
Zentralbankgeld *n*, 103

депозит *м* (депозиты *мн*)

Deposit (um) *n*, 32
meist Depositen *pl*, 32

депозитная касса *ж*
Depositenkasse *f*, 32

депозитная операция *ж* (депо-
зитные операции *мн*)
Depotgeschäft *n*, 32
Depotgeschäfte *pl*, 32

депозитный банк *м*
Depositenbank *f*, 32

депозитный счет *м*
Depotkonto *n*, 33

депонент *м*
Deponent *m*, 32

депонировать
deponieren *v*, 32

дерегулирование *с*
Deregulierung *f*, 33

держатель *м* **облигаций** (бон)
Bondholder *m*, 25

деривативный продукт *м*
Derivativprodukt *m*, 33

«дет-менеджмент» *м*
Debt Management *n*, 31

«дет-эквити-своп» *м*
Debt/Equity Swap *m*, 31

дефляция *ж*
Deflation *f*, 32

«джанк бондз» *мн*
Junk Bonds *pl*, 25, 54

джоббер *м*
Jobber *m*, 54

дивиденд *м*
Dividende *f*, 36

дизажио *с*
Disagio *n*, 34

дилер *м*
Dealer *m*, 30

дисконтирование *с*
Diskontierung *f*, 35

дисконтирование векселя
Wechseldiskont *m*, 99

дисконтировать (вексель)
diskontieren *v*, 35

дисконтная политика *ж*
Diskontpolitik *f*, 35

дистанционный вексель *м*
Distanzwechsel *m*, 35

«добрые дела приносят свои
плоды» (посл.)
Wohltun bringt Zinsen, 105

доверенное лицо *с* (посред-
ник *м*)
Treuhänder *m*, 91
Trustee *m*, 91

доверенный *м* банка (доверенное лицо банка)
Bankdisponent *m*, 15

доверительная операция *ж*
fiduziarisches Geschäft *n*, 40
Treuhandgeschäft *n*, 91

доверительная собственность *ж*
fiduziarisches Eigentum
n, 40

доверительные капиталовложения *мн*
fiduziarische Anlagen *pl*, 10

доверительный банк *м*
Treuhandbank *f*, 91
Trust Bank *f*, 91
Trust-Company *f*, 91

доверительный кредит *м*
Treuhandkredit *m*, 91

доверительный счет *м*
Treuhandkonto *n*, 91

договор *м* займа

Darlehensvertrag *m*, 30

договор о предоставлении имущества в безвозмездное пользование
Leihe *f*, 61

договор о принятии на себя долгового обязательства
Schuldversprechen *n*, 83

договор по депонированию
Hinterlegungsvertrag *m*, 51

договор поручительства
Bürgschaftsvertrag *m*, 28

договор страхования
Versicherung *f*, 96

договор хранения
Verwahrungsvertrag *m*, 96

документированное инкассо *с*
Dokumentarinkasso *n*, 36

долг *м*
Debt *m,n*, 31
Schuld *f*, 31

долг, обременяющий наследство
Nachlaßverbindlichkeit *f*, 66

долги *мн* (долговые обязательства *мн*)
Verbindlichkeiten *pl*, 94

долги (обязательства) *мн*
Passiva *pl*, 71
Schuldversprechen *n*, 83
Verpflichtungen *pl*, 95
Zahlungsverpflichtung *f*, 103

долги, подпадающие под действие моратория
Stillhalteschulden *pl*, 85

долговое обязательство *с*
Forderung *f*, 42

долгосрочный

langfristig, 60

долгосрочный вексель *м*
ein Wechsel *m* auf lange
Sicht, 60

долгосрочный долг *м*
fundierte Schuld *f*, 43

долгосрочный заем *м*
langfristige Anleihe *f*, 60

долгосрочный кредит *м*
langfristiger Kredit *m*, 60

долевая облигация *ж*
Teilschuldverschreibung *f*, 86

долевая сделка *ж* (долевая операция *ж*)
Beteiligungsgeschäft *n*, 23

долевая ссуда *ж*
partialisches Darlehen *n*, 71

долевое участие *с*
Beteiligung *f*, 22

долевое финансирование *с*
Beteiligungsfinanzierung *f*, 23

долевой доход *м* (долевая прибыль *ж*)
Beteiligungsertrag *m*, 22

долевые обязательства *мн*
Teilschuldverhältnisse *pl*, 86

должник (-ница) *м, ж*
Darlehenspflichtige Subst, *m,
f*, 30

должник *м*
Debitor *m*, 30
Schuldner *m*, 83
Zahlungsverpflichtete Subst,
m, f, 103

долгосрочный (инвестиционный) **кредит** *м*
Anlagekredit *m*, 10

доля *ж*, **пай** *м*

Anteil *m*, 11
Quote *f*, 76

доля *ж* **прибыли**
Tantieme *f*, 86

доля участия
Beteiligungsquote *f*, 23

домицилий *м*
Domizil *n*, 36

доплата *ж* (добавочная выплата *ж*)
Nachschuß *m*, 66

доплата (дополнительная плата *ж*)
Zuschlag *m*, 109
Zuzahlung *f*, 109

дополнительная акция *ж*
Zusatzaktie *f*, 109

дополнительный капитал *м*
Zuschußkapital *n*, 109

дополнительный сбор *м*
Zuschlaggebühr *f*, 109

допуск *м* **ценных бумаг к
продаже на бирже**
Zulassung *f*, 109

дорожный чек *м*
Reisescheck *m*, 79

достоинство *с* (монет)
Pari *n*, 71

дотация *ж*
Zuschuß *m*, 109

доход *м* **в денежном выражении**
Nominaleinkommen *n*, 67

доходная часть *ж* **баланса**
Ertragsbilanz *f*, 38

доходность *ж*
Ertrag *m*, 38
Rentabilität *f*, 79

127

доходность (эффективность *ж*) инвестированного капитала
Return on investment (ROI), 80

драгоценные металлы *мн*
Edelmetalle *pl*, 37

3

за наличный расчет
gegen bare Zahlung *f*, 101

завязать (начать) торговые переговоры
Handelsverhandlungen *pl* anbahnen, 49

задаток *м*
Draufgeld *n*, 36
Haftgeld *n*, 47
Vorschuß *m*, 98

задолжность *ж* (долги *мн*)
Verschuldung *f*, 96

заем *м*
Darlehen *n*, 30
Geldanleihe *f*, 44

заем под твердый процент
Straight-Anleihe *f*, 85

заем с обеспечением
gedecktes Darlehen *n*, 30

заем траншами
Partly-paid Anleihe *f*, 71

заемная операция *ж*
Anleihegeschäft *n*, 10

заемный капитал *м*
Fremdkapital *n*, 43

заемщик (-щица) *м*, *ж*
Darlehenspflichtige, *m*, *f*, 30
Kreditnehmer *m*, 58

заимодавец *м*
Darlehengeber *m*, 30

Е

ежегодный денежный взнос *м*
Jahresbeitrag *m*, 54

ежегодный платеж *м*
Annuität *f*, 10

Ж

жиро *с*
Giro *n*, 45

жиро на векселе
Wechselgiro *n*, 99

жиро-счет *м*
Girokonto *n*, 45

жирооборот *м*
Giroverkehr *m*, 45

жирооперации *мн*
Girogeschäfte *pl*, 45

жироцентраль *ж*
Girozentrale *f*, 45

жить на проценты
von den (seinen) Zinsen leben, 105

Darleiher *m*, 30

Gläubiger *m*, 45

Kreditor *m*, 58

заимообразно

darlehensweise, 30

займ *м* с нулевым купоном

Zero-Bond *m*, 104

займ с плавающим процентом

zinsvariable Anleihe *f*, 108

займодержатель *м*

Anleihebesitzer *m*, 10

займы *мн*

Anleihen *pl*, 10

заказ *м* достался кому - л. (вещь *ж* досталась кому - л.)

der Zuschlag erfolgte an A, 109

заказ *м* (подряд *м*), присуждаемый на публичных торгах какой - л. фирме (либо вещь *ж*, присуждаемая на аукционе какому - л. лицу)

Zuschlag *m*, 109

заклад *м*

Verpfändung *f*, 95

закладная *ж* (документ)

Realobligation *f*, 77

закладная стоимость *ж*

Beleihungswert *m*, 22

закладывать (отдавать в заклад) **что - л.**

lombardieren *v*, 67

заключение *с* счетов по кассе

Kassenabschluß *m*, 55

закон *м* о банках

Bankgesetz *n*, 18

закон о депозитах

Depotgesetz *n*, 32

закон об оценке имущества и взимании с него налогов

Bewertungsgesetz *n*, 23

законы *мн* о биржах

Börsengesetze *pl*, 26

залог *м*

Pfand *m*, 72

залоги *мн*

Kautionen *pl*, 56

залоговая сумма *ж*

Kautionssumme *f*, 56

залоговое право *с* на земельные участки (недвижимое имущество *с*)

Grundpfandrecht *n*, 46

залоговое свидетельство *с*

Depotschein *m*, 33

залоговое свидетельство (ипотека *ж*)

Hypothekenbrief *m*, 52

Pfandbrief *m*, 72

залоговое свидетельство (накладная *ж*)

Pfandschein *m*, 72

залоговые ценные бумаги *мн*

Kautionseffekten *pl*, 56

залоговый индоссамент *м*

Pfandindossament *n*, 72

залогодержатель *м*

Pfandleiher *m*, 72

замораживание *с* заработной платы

Lohnstopp *m*, 63

занять деньги *мн* по ссудной операции

ein Darlehen *n* aufnehmen, 30

записывать в дебет *м*

debitieren *v*, 30

in Debet *n* stellen, 30

запланированный приход *м*
Solleinnahme *f*, 84
заплатить по счету *м*
eine Rechnung begleichen (honorieren), 78
запрещение *с* **производить платежи**
Zahlungssperre *f*, 102
заприходовать
etw. A als Einnahmeposten
buchen, 38
заработная плата *ж*
Lohn *m*, 62
затраты *мн*
Aufwendungen *pl*, 11
заявление *с* **о просрочке векселя**
Verfallserklärung *f*, 94
земельная собственность *ж*
Realbesitz *m*, 77
земельный кредит *м*
Grundkredit *m*, 46
злостное банкротство *с*
betrügerischer Bankrott *m*, 20
золото *с* **в слитках** (слитковое золото)
Barrengold *n*, 21
зона *ж* **франко**
Zollfreizone *f*, 109

И

игра *ж* **на бирже**
Börsenspiel *n*, 26
играть на повышение *с*

haussieren *v*, 50
играть на понижение *с*
baissieren, 13
auf eine (die) Baisse *f* spekulieren, 13
издержки *мн*
Aufwendungen *pl*, 11
издержки на содержание персонала
Personalaufwand *m*, 72
изымать из обращения банкноты *мн*
Noten *pl* einziehen, 68
именная акция *ж*
Namensaktie *f*, 66
именная ценная бумага *ж*
Namenspapier *n*, 66
Rektapapier *n*, 79
именной вексель *м*
Rektawechsel *m*, 79
иметь деньги *мн* **в банке**
Geld auf der Bank liegen (haben), 13
иметь задолженность *ж*
in Verzug *m* sein, 96
имущество *с*
Vermögen *n*, 95
имущество несостоятельного должника
Konkursmasse *f*, 56
инвалютная наличность *ж*
Devisenbestand *m*, 34
инвалютная операция *ж*
Devisengeschäft *n*, 34
инвалютные расходы *мн*
Devisenaufwand *m*, 34
инвалютный счет *м*
Devisenkonto *n*, 34

инвестированное имущество *с*
Anlagevermögen *n*, 10

инвестиционная политика *ж*
Anlagepolitik *f*, 10

инвестиционные компании *мн*
Kapitalanlagegesellschaften *pl*, 55

инвестиционные операции *мн*
Investmentgeschäfte *pl*, 53

инвестиционный банк *м*
Investmentbank *f*, 53

инвестиционный кредит *м*
Anlagekredit *m*, 10

инвестиция *ж*
Geldanlage *f*, 44

инвестиция (помещение *с* капитала)
Placierung *f*, 72
Plazierung *f*, 72

инвестор *м*
Anleger *m*, 10

индекс *м* котировки акций
Aktienindex *m*, 9

индоссамент *м*
Indossament *n*, 53

инкассация *ж*
Inkasso *n*2, 53

инкассо *с*
Inkasso *n*1, 53

«инкассовая операция» *ж*
Inkassogeschäft *n*, 53

«инкассовый акцепт» *м*
Inkassoakzept *n*, 53

инкассовый документ *м*
Dokumentarinkasso *n*, 36

инновационный менеджмент *м*
Innovationsmanagement *n*, 53

иностранная валюта *ж*

foreign exchange (Devisen *pl*), 33, 42

иностранная (наличная) валюта
Sorten *pl*, 84

институциональный вкладчик *м*, институциональные вкладчики *мн*
institutioneller *m, pl* -e Anleger, 53

ипотека *ж*
Hypothek *f*, 51
Hypothekenbrief *m*, 52
Pfandbrief *m*, 72

ипотека (ипотечный акт *м*, ипотечный документ *м*)
Hypothekenbrief *m*, 52

ипотечная ссуда *ж* (ссуда под недвижимое имущество)
Hypothekendarlehen *n, 52*

ипотечное право *с*
Realpfandrecht *n*, 78

ипотечное (залоговое) свидетельство *с*
Mortgage Bonds *pl*, 25

ипотечный (залоговый)
hypothekarisch, 51

ипотечный банк *м* (банк долгосрочных ссуд)
Hypothekenbank *f*, 52

ипотечный (вещный) кредит *м*
Hypothekarkredit *m*, 52
Immobiliarkredit *m*, 53
Realkredit *m*, 77

ипотечный кредитор *м*
Hypothekengläubiger *m*, 52

ипотечный регистр *м*
Hypothekenregister *n*, 52

Й

К

квотативная акция *ж*
Quotenaktie *f*, 76
клиент *м* **претендует на доверие авансом**
der Kunde beansprucht einen
Vorschuß an Vertrauen, 98
клиринг *м*
Verrechnung *f*, 95
клиринг в инвалюте
Devisenzahlungsausgleich *m*, 34
клиринговое учреждение *с*
Devisenabrechnungsstelle *f*, 33
ковернот *м*
Versicherungszertifikat *n*, 96
колебание *с* **курса**
Kursschwankung *f*, 59
количество *с* **пайщиков** (акционерного общества)
Beteiligung *f*, 22
коллективный договор *м*
Tarifvertrag *m*, 86
комиссионер *м*
Kommissionär *m*, 56
комиссионная сделка *ж*
Kommissionsgeschäft *n*, 56
комиссионное вознаграждение *с*
Provisionsvergütung *f*, 74
комиссионные *мн* (деньги)
Kreditprovision *f*, 58
Provision *f*, 74
Spesen *pl*, 85
**комиссионные за предоставление
«перерасходованного кредита»**
Überziehungsprovision *f*, 92
комиссионные маклера
Maklergebühr *f*, 64
комиссия *ж* (комиссионное

вознаграждение *с*)
Kommission *f*, 56
**комиссия по обследованию
банков**
Bankenquêtekommission *f*, 16
коммерческий (торговый)
банк *м*
Handelsbank *f*, 48
коммерческий вексель *м* (товарный вексель)
Trade Bill *m*, 89
коммерческий кредит *м*
Handelskredit *m*, 49
коммерческий суд *м*
Handelsgericht *n*, 48
коммерческий (профессиональный) **язык** *м*
Händlersprache *f*, 50
коммерческое письмо *с*
Handelsbrief *m*, 48
коммерческое право *с*
Handelsrecht *n*, 49
коммивояжер *м*
Handlungsagent , *m*, 50
коммунальная облигация *ж*
Kommunalobligation *f*, 56
коммунальная ссуда *ж*
Kommunaldarlehen *n*, 56
коммунальные займы *мн*
Kommunalanleihen *pl*, 56
компаньон *м* (партнер по торговым сделкам)
Handelspartner *m*, 49
компенсационная покупка *ж*
Deckungskauf *m*, 31
компенсационная сделка *ж*
(особого рода, при которой
встречная сделка предшест-

вует основной сделке)
Junktimgeschäft *n*, 54
компенсация *ж*
Rückvergütung *f*, 81
компенсация убытков
Verlustausgleich *m*, 95
конверсионные займы *мн*
Wandelanleihen *pl*, 99
конверсия *ж*
Konversion *f*, 57
конверсия *ж* **займа**
Anleiheablösung *f*, 10
конверсия процентов
Zinskonversion *f*, 107
конвертирование *с* (валюты)
Konvertierung *f*, 57
конец *м* **года** (финансового)
Jahresabschluß *m*, 54
конкурсная масса *ж*
Konkursmasse *f*, 56
коносамент *м*, **коносамент** *м*
Konnossement *n*, 56
Ladeschein *m*, 60
консолидация *ж*
Konsolidierung *f*, 56
консолидированный баланс *м*
konsolidierte Bilanz *f*, 56
консорциум *м*
Konsortium *n*, 56
консорциум банков
Bankenkonsortium *n*, 16
консультант *м* **по размещению имущества**
Vermögensberater *m*, 95
консультант по торговым операциям
Handelsbeirat *m*, 48
консультирование *с* **клиентов**

(банка)
Kundenberatung *f*, 58
консультирование (клиента) **по вопросам его вкладов**
Anlageberatung *f*, 10
контокоррент *м*
Kontokorrent *n*, 57
контокоррентный кредит *м*
Kontokorrentkredit *m*, 57
контрагент *м* (в торговых операциях)
Handelspartner *m*, 49
контрольный орган
Aufsichtsbehörde *f*, 11
конъюнктура *ж*
Tendenz *f*, 87
- **конъюнктура на бирже была неустойчивой**
die Börse *f* verfolgte keine einheitliche Tendenz, 87
конъюнктура рынка, выгодная для покупателей
Buyer's Market *m*, 28
корреспондентские банки *мн*
Korrespondenzbanken *pl*, 57
котировать
quotieren *v*, 76
котироваться
notiert werden, 68
котировка *ж*
Quotierung *f*, 76
котировка акций *мн*
Aktiennotierung *f*, 9
котировка валюты
Valutaquotierung *f*, 94
котировка (курс *м*) **ценных бумаг**
Notierung *f*, 68

Quotierung *f*, 76

котируемые на бирже ценные бумаги *мн*
Handelseffekten *pl*, 48

котирующийся на бирже
börsenfähig, 26
börsengängig, 26

краткосрочность *ж* (операций)
kurze Sicht *f*, 59

краткосрочные кредиты *мн*
kurzsichtige Kredite *pl*, 59

кредит *м*
Haben *n*, 47
Kredit *m*, 47

кредит в рассрочку
Ratenkredit *m*, 77

кредит (ссуда *ж*), **выплачиваемый (-ая) в рассрочку**
Teilzahlungskredit *m*, 87

кредит на приобретение ценных бумаг
Wertpapierkredit *m*, 100

кредит по учету векселей
Diskontkredit *m*, 35

кредит под вексельное поручительство
Avalkredit *m*, 12

кредит под недвижимость
Immobiliarkredit *m*, 53

кредит под ручной заклад
Faustpfandkredit *m*, 39

кредит, предоставляемый банковским консорциумом
Konsortialkredit *m*, 56

кредитная блокада *ж*
Kreditsperre *f*, 58

кредитная линия *ж*
Kreditfazilität *f*, 58

Kreditlinie *f*, 58

кредитная операция *ж*, **обеспеченная находящимися в пути товарами**
Vinkulationsgeschäft *n*, 96

«Кредитная организация *ж* **для восстановления»**
Kreditanstalt für Wiederaufbau (KW) *f*, 59

«кредитное достоинство» *с* (заемщика)
Kreditwürdigkeit *f*, 58

кредитное страхование *с*
Kreditversicherung *f*, 58

кредитное учреждение *с*
Kreditinstitut *n*, 58

кредитное учреждение, специализирующееся на предоставлении ссуд, выплачиваемых в рассрочку
Teilzahlungskreditinstitut *n*, 87

кредитные операции *мн*
Aktivgeschäfte *pl*, 9
Kreditgeschäfte *pl*, 58

кредитный банк *м*
Kreditbank *f*, 57

кредитный договор *м*
Kreditvertrag *m*, 58

«кредитный» риск *м*
Kreditrisiko *n*, 58

кредитование *с*
Kreditgewährung *f*, 58

кредитовать счет *м*
etw. A für das Haben verwenden, 47
etw. A in das Haben buchen, 47

кредитовое сальдо *с* **на счетах клиента в банке** (деньги кли-

ентов на текущем счету в банке)
Bankguthaben *n*, 18

кредитор *м*
Darleiher *m*, 30
Gläubiger *m*, 45
Kreditor *m*, 58

кредитор наследователя
Nachlaßgläubiger *m*, 66

кредитор по договору займа
Darlehensgläubiger *m*, 30

кредитор по закладной
Pfandleiher *m*, 72

кредитор, претензия которого подлежит преимущественному удовлетворению
Vorzugsgläubiger *m*, 98

кредитоспособность *ж*
Kreditfähigkeit *f*, 58

кредитоспособность (платежеспособность *ж*) **фирмы - должника**
Bonität *f*, 25
Kreditfähigkeit *f*, 58

кредиты *мн* **для доверительных вкладов**
Kredite *pl* für Treuhandanlagen, 57

кредиты для срочных вкладов
Kredite *pl* für Festgeldanlagen, 57

кризис *м* **банков (банковский кризис)**
Bankenkrise *f*, 16

крупная купюра *ж*
eine größere Note, 68

кулиса *ж* (**неофициальная биржа** *ж*)

Nachbörse *f*, 66

купля - продажа *ж* **денег**
Geldhandel *m*, 44

купля - продажа (иностранной валюты
Sortenhandel *m*, 84

купон *м* **на получение дивиденда**
Dividendenanweisung *f*, 36

купон (от процентной бумаги)
Zinskupon *m*, 107
Zinsschein *m*, 107

купонный лист *м* **от процентной бумаги**
Zinsbogen *m*, 106

купчая *ж*
Handelsbrief *m*, 48

курс *м*
Kurs *m*, 59

курс акций
Aktienkurs *m*, 9
Briefkurs *m*, 27

курс (отечественной) валюты за границей
Valutastand *m*, 94

курс дня
Tageskurs *m*, 86

курс наличных валютных операций
Spotkurs *m*, 85

«курсовая гарантия» *ж*
Kurssicherung *f*, 85

«курсовая потеря» *ж*
Kursverlust *m*, 59

«курсовая прибыль» *ж*
Kursgewinn *m*, 59

курсовая таблица *ж*
Kurszettel *m*, 59

курсовая цена *ж*
Kurswert *m*, 59

курсовой индекс *м*
Kursindex *m*, 59

«курсовой риск» *м*
Kursrisiko *n*, 59

куртаж *м*
Courtage *f*, 29
Kurtage *f*, 59

Л

лаж *м*
Agio *n*, 9

лаж в пользу банка
Bankagio *n*, 14

ЛБО *м* («ливериджд байаут»)
LBO (Leveraged Buyout) *m*, 60

«легкие бумаги» *мн*
leichte Papiere *pl*, 61

либерализация *ж*
Liberalisierung *f*, 61

либерализация процентов
Zinsliberalisierung *f*, 107

ЛИБОР *м*
LIBOR («London Interbank
Offered Rate») *m*, 61

«лид - менеджер» *м*
Lead-Manager *m*, 60

лизинг *м*
Leasing *n*, 60

ликвидационная комиссия *ж*
Liquidationskommission *f*, 62

ликвидационный баланс *м*
Liquidationsbilanz *f*, 62

ликвидация *ж* залога
Pfandbruch *m*, 72

ликвидация (прекращение с
деятельности) фирмы, банка
Liquidation *f*, 62

ликвидная политика *ж*
Liquiditätspolitik *f*, 62

ликвидность *ж*
Liquidität *f*, 62

ликвидные резервы *мн*
Liquiditätsreserven *pl*, 62

лимитед
Ltd, 63
Limited, 63
GmbH, 47

лицевой счет *м*
persönliches Konto *n*, 57

лицо *с*, которому поручено уп-
равлять чужим имуществом
Treuhänder *m*, 91
Trustee *m*, 91

лицо (учреждение *с*), учитывающее вексель
Diskonteur *m*, 35

личные (имущественные) права *мн*
Personenrechte *pl*, 72

ломбард *м*
Leihanstalt *f*, 61
Lombard *m*, 63

ломбардная квитанция *ж*
Depotschein *m*, 33

ломбардная политика *ж*
Lombardpolitik *f*, 63

ломбардная процентная ставка *ж*
Lombardzinsfuß *m*, 63

ломбардные фонды *мн*
Lombardeffekten *pl*, 63

ломбардный кредит *м*
Lombardkredit *m*, 63
ломбардный процент *м*
Lombardsatz *m*, 63
Lombardzinsfuß *m*, 63
льготы *мн*
Fazilität *f*, 39
meist Fazilitäten *pl*, 39

М

маклерская сделка *ж*
Maklergeschäft *n*2, 64
маклерское дело *с*
Maklergeschäft *n*1, 64
малая биржа *ж* (кулиса *ж*)
Vorbörse *f*, 97
маржа *м*
Marge *f*, 64
Equity *f*, 38
марка фирмы *ж*
Firmenzeichen *n*, 42
маркетинг *м*
Marketing *n*, 64
«маркетинг и сбыт»
Marketing und Vertrieb (M & V), 64
материальная ответственность
Haftung *f*, 47
межбанковская операция *ж*
Interbankengeschäft *n*, 53
меновая стоимость *ж*
Tauschwert *m*, 86
мертвый счет *м*
totes Konto *n*, 89

место *с* **платежа**
Zahlungsort *m*, 102
метод *м* **действительной стоимости**
Barwertmethode *f*, 21
метод *м* **«перчез»** *м*
Purchase-Methode *f*,
Erwerbsmethode *f*, 74
минимальная сумма *ж* (при завершении сделки на бирже)
Schluß *m*, 83
минимальное предложение *с*
Mindestgebot *n*, 64
минимальный вклад *м*
Mindesteinlage *f*, 64
минимальный капитал *м*
Mindestkapital *n*, 65
минимальный резерв *м*
Mindestreserve *f*, 65
монетаризм *м*
Monetarismus *m*, 65
мораторий *м*
Zahlungsaufschub *m*, 101

Н

наблюдательный совет *м*
Aufsichtsrat *m*, 11
надбавка *ж*, **лаж**
Agio *n*, 9
надбавка за пакет (акций)
Paketzuschlag *m*, 71
надежность *ж* (должника)

Zuverlässigkeit *f* (eines Schuldners), 109
Zahlungsfähigkeit *f*, 102
накладная *ж*
Faktura *f*, 39
накладные расходы *мн*
Spesen *pl*, 85
накопления *с* (сбережения мн)
Rücklage *f*,
meist Rücklagen *pl*, 81
наличность *ж*, **активы**
Aktiva *pl*, 9
Bestand *m*, 22
наличность *ж* (в банке)
Kasse *f*, 55
наличные средства *мн*
flüssige Mittel *pl*, 42
наличный аккредитив *м* (аккредитив наличными)
Bar-Akkreditiv *n*, 21
наличный дивиденд *м*
Bar-Dividende *f*, 21
наличный кредит *м* (денежный кредит)
Barkredit *m*, 21
наличными
in bar, 21
налог *м* **с имущества**
Vermögenssteuer *f*, 95
наложение *с* **ареста на заработную плату для должника**
Lohnpfändung *f*, 63
Pfändung *f*, 72
**наложение ареста на имущест-
во должника**
Pfändung *f*, 72
народная акция *ж*
Volksaktie *f*, 97

народный банк *м*
Volksbank *f*, 97
нарушать (не выполнять) **обязательства**
die Verpflichtungen *pl* verletzen, 95
наследственная пошлина *ж*
(налог *м* на наследство)
Nachlaßsteuer *f*, 66
наступление *с* **срока платежа**
(по векселю)
Verfall *m*, 94
натуральная ссуда *ж*
Naturdarlehen *n*, 66
**находящиеся в обращении де-
ньги** *мн*
Kurantgeld *n*, 59
наценка *ж*
Handelsspanne *f*, 49
Zuschlag *m*, 109
национальный доход *м*
Volkseinkommen *n*, 97
начальный баланс *м*
Anfangsbilanz *f*, 9
Eröffnungsbilanz (EÖB) *f*, 38
начисление *с* **процентов**
Zinsanrechnung *f*, 105
начислять проценты
verzinsen *v*, 96
негарантированные ссуды *мн*
Ausleihungen *pl*
ohne Deckung, 12
негативное (отрицательное)
заявление *с*
Negativerklärung *f*, 67
негоциация *ж*
Negotiation *f*,
Negoziation *f*, 67

недвижимое имущество *с*
Immobilien *pl*, 53
Realbesitz *m*, 77
unbewegliches Vermögen *n*,
независимый ревизор *м* отчетности
Wirtschaftsprüfer *m*, 100
неконгруентность *ж* процентов
Zinsinkongruenz *f*, 107
Zinsgefälle *n*, 106
неликвидность *ж*
Illiquidität *n*, 53
нематериальная цена *ж* фирмы
Goodwill *m*, 45
немецкая марка *ж*
Deutsche Mark (DM) *f, pl*, 36
Немецкий союз сберкасс и жиробанков *м*
Deutscher Sparkassen- und Giroverband e.V. *m*, 17
Немецкий федеральный банк *м*
Deutsche Bundesbank *f*, 33
Bundesbank *f*, 27
необеспеченный кредит *м*
ungedeckter Kredit *m* , 92
неплатежеспособность *ж*
Zahlungsunfähigkeit *f*, 102
неплатежеспособный
zahlungsunfähig, 102
несостоятельность *ж*
Konkurs *m*, 56
Zahlungsunfähigkeit *f*, 102
несостоятельность (банкротство *с*)
Zahlungseinstellung *f*, 102
несостоятельность наследст-

венной массы
Nachlaßkonkurs *m*, 66
несостоятельный
zahlungsunfähig, 102
нестабильный обменный курс
flexibler Wechselkurs *m*,
fluktuierender Wechselkurs *m*, 42
нетто
netto, 67
неустойка *ж*
Reugeld *n*, 80
неучетоспособный (вексель),
непринимаемый к учету
diskontunfähig, 35
ниже номинальной стоимости
unter pari, 71
НИОКР *мн* (научные исследования и опытно - конструкторские разработки)
F & E *f* (Forschung und Entwicklung), 39
новые акции *мн*, выпускаемые прежде всего при увеличении акционерного капитала
Bezugsaktien *pl*, 23
новые (дополнительно выпущенные) акции *мн*
junge Aktien *pl* , 54
«ножницы» *мн* в заработной плате
Lohnspreizung *f*, 63
«номинальная»
nominell, 67
номинальная стоимость *ж* (номинал *м*) (нарицательная стоимость *ж*)

Nennwert *m,* 67
Nominalwert *m,* 67
номинальный доход *м*
Nominaleinkommen *n,* 67
номинальный капитал *м*
Nominalkapital *n,* 67
номинальный курс *м* (ценных бумаг)
Pari *n,* 71
Parikurs *m,* 71
«ноутс» *мн*
Notes *pl,* 68
нулевой бон *м*
Zero-Bond *m,* *104*
нуллифицировать бумажные деньги
Noten *pl* außer Kurs setzen, 68

О

обанкротившийся
bankrott, 20
обанкротившийся (несостоятельный)
bankbrüchig, 14
обанкротиться
Bankrott *m* machen,
Bankrott *m* gehen, 20
обеспечение *с*
Deckung *f,* 31
Gewährleistungen *pl,* 45
- без обеспечения
ohne Deckung *f,* 31
- предоставить обеспечение ценных бумаг

die Deckung *f* erlegen, 31
- операция *ж* **по обеспечению**
Deckungsgeschäft *n,* 31
- с обеспечением
mit Deckung *f,* 31
обеспечение банковских билетов (золотое обеспечение)
Bardeckung *f,* 21
обеспечение какой - л. финансовой сделки недвижимостью
Realsicherheit *f,* 78
обеспечение кредита
Kreditsicherung *f,* 58
обеспеченность *ж* (денежными) **средствами**
Ausstattung *f* mit (finanziellen) Mitteln, 12
обеспеченный вексель *м*
Depotwechsel *m,* 33
обесцененная бумага *ж*
Nonvaleur *m,* 67
обилие *с* **наличных средств**
Geldflüssigkeit *f,* 44
«облигации» *мн*
"Schuldverschreibungen" *pl,* 83
облигация (-ии) *ж, мн*
Bond *m,* 25
meist Bonds *pl,* 25
облигация *ж* **акционерного общества**
Schuldverschreibung *f,* 83
облигация займа
Anleiheschein *m,* 10
облигация ипотечного банка
Rentenbrief *m,* 79
облиго *с*
Wechselobligo *n,* 100

141

обмен *м* денег
Geldumtausch *m*, 45

обмен (иностранной) валюты
Geldwechsel *m*, 45

обменное соотношение *с* цен
Terms of Trade *pl*, 88

оборачиваемость *ж* активов
Return on assets, ROA, 80

оборачиваемость инвестиций
Return on investment, ROI, 80

оборачиваемость собственных
оборотных средств
Return on equity, ROE, 80

оборот *м*
Umsatz *m*; 92
Effektenverkehr *m*, 37

«оборотное имущество» *с*
Umlaufvermögen *n*, 92

оборотный документ *м*
Orderpapier *n*, 70

оборотный кредит *м*
Zahlungskredit *m*, 102

оборотный резерв *м*
Zirkulationsreserve *f*, 108

обратимость *ж* (валюты)
Transferierbarkeit *f*, 90

обратная выплата *ж*
Rückvergütung *f*, 81

обратный приток *м* капитала
Rückfluß *m* des Kapitals, 81

обратный (встречный) счет *м*
Rückrechnung *f*, 81

обращаемые средства *мн* платежа
Zahlungsmittelumlauf *m*, 102

обращение *с* (денежное)
Umlauf *m*, 92

обращение *с* банкнот

Notenumlauf *m*, 68

обращение бумажных денег
Banknotenumlauf *m*, 19

обращение наличных денег
(оборотная наличность *ж*)
Bargeldumlauf *m*, 21

обращение ценных бумаг
Effektenverkehr *m*, 37

обременять имущество *с* ипотекой
etw. A mit einer Hypothek
belasten, 51

обследование *с* банков (анкетирование *с*)
Bankenquête *f*, 16

общая (паушальная) сумма *ж*
Jahrespauschale *f*, 54

общая (генеральная) торговая
доверенность *ж*
Prokura *f*, 74

общественная финансовая помощь *ж*
öffentliche Finanzhilfe *f*, 69

«общественные» банки *мн*
öffentliche Banken *pl*, 69

«общественные руки» *мн*
öffentliche Hand *f*, 69

общество *с* доверительных
операций
Treuhandgesellschaft *f*, 91

объединенное хранение *с*
Sammelverwahrung *f*, 83

объединенные займы *мн*
Sammelanleihen *pl*, 82

«объединенный перевод» *м*
Sammelüberweisung *f*, 82

объем *м* кредита
Kreditvolumen *n*, 58

объем финансовых вложений
Finanzanlagevermögen *n*, 40
объявить себя банкротом
den Bankrott *m* erklären,
den Konkurs *m* anmelden, 20
объявить себя неплатежеспособным
die Zahlungen *pl* einstellen, 101
объявлять подписку *ж* на заем
eine Anleihe *f* zur Zeichnung auflegen, 103
обыкновенная акция *ж*
Equity *f* 2, 38
обычное право *с* (применяется при рассмотрении торговых операций)
Handelsgewohnheitsrecht *n*, 49
обязанность *ж* вносить периодические платежи
Rentenpflicht *f*, 79
обязательная (государственная) цена *ж*
Zwangspreis *m*, 109
обязательное предоставление кредита
unwiderrufliche Kreditzusage *f*, 58
обязательства *мн* по аккредитивам
Verpflichtungen *pl* aus Akkreditiven, 95
обязательство (-ва) *с, мн*
Verpflichtung *f*
meist Verpflichtungen *pl*, 95
обязательство банка
Bankverpflichtung *f*, 20
обязательство клиента перед банком

Bankverpflichtung *f*, 20
обязательство, местом исполнения которого является место жительства должника
Holschuld *f*, 51
обязательство по авалю
Avalverpflichtung *f*, 12
обязательство уплаты
Zahlungspflicht *f*, 102
оговорка *ж* на оборотном документе
Order *f*,
Orderklausel *f*, 70
ограничение *с* (кредита)
Restriktion *f*, 80
оздоровление *с* (предприятий)
Sanierung *f*, 83
окружной филиал *м*
Bezirksfiliale *f*, 23
опека *ж*
Treuhand *f*, 90
Treuhandschaft *f*, 91
опекун *м*
Treuhänder *m*, 91
Trustee *m*, 91
опекунский совет *м*
Treuhänderrat *m*, 91
опекунское управление *с*
Treuhandverwaltung *f*, 91
операции *мн* по вкладам
Einlagengeschäfte *pl*, 37
операции по жирообороту
Girogeschäfte *pl*, 45
операции с активами
Aktivgeschäfte *pl*, 9
операции, связанные с вложенным капиталом
Anlagegeschäfte *pl*, 10

операции с пассивами
Passivgeschäfte *pl*, 71

операции с недвижимостью
Immobiliengeschäfte *pl*, 53

операции со вкладами
Einlagegeschäfte *pl*, 18, 37

операции с участием (либо по поручению) клиентов
Kundengeschäfte *pl*, 59

операции с ценными бумагами
Effektengeschäfte *pl*, 37
Wertpapiergeschäft *m*, 100

операция *ж*
Geschäft *n*, 45

операция (трансакция *ж*), входящая в сферу банковской деятельности
bankmäßige Transaktion *f*, 19

операция по займу
Anleihegeschäft *n*, 10

операция по принятию доверенности
Trustee-Geschäft *n*, 91

операция по учету векселя
Wechseldiskontgeschäft *n*, 99

операция с драгоценными металлами
Edelmetallgeschäft *n*, 37

операция с частным лицом
Privatkundengeschäft *n*, 73

операция «своп»
Swapgeschäft *n*, 85

опись *ж* имущества должника
Pfändung *f*, 72

оплата *ж*
Vergütung *f*, 95

оплата наличными
Nettokasse *f*, 67

оплатить счет
eine Rechnung *f* begleichen (honorieren), 78
eine Rechnung *f* liquidieren, 78

оправдательный (подтверждающий) документ *м* к счету
Rechnungsbeleg *m*, 78
Beleg *m*, 22

оприходование *с* чека кредитным учреждением
Scheckinkasso *n*, 83

опротестованный вексель *м*
Protestwechsel *m*, 74

опротестовать вексель
einen Wechsel *m* zu Protest gehen lassen, 74

оптовые операции *мн*
Wholesale Banking *n*, 100

опцион *м*
Option *f*, 69

опцион по поставке
Put-Option *f*, 75

опционная операция *ж*
Optionsgeschäft *n*, 70

опционная ссуда *ж*
Optionsdarlehen *n*, 70

«опционная цена» *ж*
Optionspreis *m*, 70

опционные займы *мн*
Optionsanleihen *pl*, 70

«опционный документ» *м*
Optionsschein *m*, 70

орган *м* надзора
Aufsichtsbehörde *f*, 11

ордер
Zahlungsanweisung (ZAnw.) *f*, 11

ордерный чек *м*

Orderscheck *m*, 70

«осадок» *м*
Bodensatz *m*, 25

освобождение *с* **процентной ставки**
Zinsfreigabe *f*, 106

основание *с* **займа**
Darlehensbegründung *f*, 30

основная валюта *ж*, **ведущая валюта**
Leitwährung *f*, 61

основной (инвестированный) **капитал** *м*
Anlagekapital *n*, 10

оспаривание *с* (кредиторами) **сделок несостоятельного должника**
Konkursanfechtung *f*, 56

остаток *м*
Saldo *m*, 82

остаток по дебету
Sollbestand *m*, 84

ответственность *ж*
Haftpflicht *f*, 47

- ограничение *с* **ответственности**
Haftungsbeschränkung *f*, 47

- общество *с* **с ограниченной ответственностью**
Gesellschaft *f* mit beschränkter Haftpflicht, 47
Gesellschaft mit beschränkter Haftung (GmbH), 47

- с ограниченной ответственностью
mit beschränkter Haftpflicht (mbH), 47

ответственный

haftpflichtig, 47

отвечать (нести ответственность)
haften für A, 47

отдавать на хранение (в депозит)
deponieren *v*, 32

отдача *ж*
Rückerstattung *f*, 81

отдел *м* **вкладов и текущих счетов**
Depotabteilung *f*, 32

отдел кредита (в банке)
Kreditabteilung *f*, 57

отдел наличного оборота банка
Kasse *f* 2, 55

отдел сейфов (хранения ценностей)
Depotabteilung *f*, 32

отделение *с* **банка** (отдел)
Bankabteilung *f*, 14

отделение банка
Zweigniederlassung *f*,
Zweigstelle *f*, 110

отказ *м* **в акцепте векселя**
Akzeptverweigerung *f*, 9

отказ произвести платеж
Zahlungsverweigerung *f*, 103

открытие *с* **кредита**
Krediteröffnung *f*, 57

отмена *ж*
Streichung *f*,
Storno *m*, 85

отметка *ж* (ставится при погашении права на недвижимость в поземельной книге)
Löschungsvermerk *m*, 63

145

отнести (записать) **в кредит**
etw. A für das Haben ver-
wenden,
etw. A in das Haben buchen, 47

отнести сумму на чей - л. счет
jdm. D einen Betrag auf die
Rechnung setzen, 78

отраслевой банк *м*
Branchenbank *f*, 27

отсрочка *ж*
Terminverlängerung *f*, 88

отсрочка платежа
Zahlungsaufschub *m*, 101
Zahlungsstundung *f*, 102

отступные *мн*
Reugeld *n*, 80

отток *м* **денег**
Abfluß *m* der Gelder, 9
Geldabfluß *m*, 44

отчет *м* **о деятельности банка**
Bankausweis *m*, 14

отчет о прибылях и убытках
Erfolgsrechnung *f*, 38

отчет о состоянии дел (акционерного общества)
Geschäftsbericht *m*, 45

отчетность *ж* (банка)
Berichterstattung *f*, 22

отчетность (финансовая)
Rechnungslegung *f*, 78

оферта *ж*
Offerte *f*, 69

официальный рынок *м* (ценных бумаг)
offizieller Markt *m*
(der Wertpapiere), 69

охрана *ж* **данных**
Datenschutz *m*, 30

оценка *ж* (сегодняшнего состояния и потенциальных
возможностей какой - л.
фирмы)
Firmenbewertung *f*, 41

П

падение *с* **валютного курса**
Valutasturz *m*, 94

пай *м*
Anteil *m*, 11

**пай клиента в банке в ценных
бумагах или вещах**
Lombard *m*, 63

пайщик *м*
Anteilseigner *m*, 11

пайщик *м* (акционер *м* банка)
Bankanteilseigner *m*, 14

пакет *м* (акций)
Paket *n*, 71

паритет *м* (равноценность *ж*)
Parität *f*, 71

парциальная ссуда *ж*
partialisches Darlehen *n*, 71

пассивная банковская операция
ж
Passivgeschäft *n*, 71

пассивное сальдо *с*
Passivsaldo *m*, 71

пассивные средства *мн*
Passivgeldbestand *m*, 71

пассивы *мн*
Passiva *pl*, 71
Liabilities *pl*,61

паушальная (общая) **сумма** *ж*
Pauschalbetrag *m*, 72
паушальная цена *ж*
Pauschalpreis *m*, 72
пеня за просрочку платежа *ж*
Verzugszinsen *pl*, 96
перевод *м* денег
Überweisung *f*, 92
перевод денег по безналичному расчету
Geldüberführung *f*, 45
перевод долга (на себя)
Schuldübernahme *f*, 83
перевод (перечисление *с*) в иностранной валюте
Transfer *m*, 90
переводить (перечислять) какую-л. сумму в иностранной валюте
transferieren *v*, 90
переводный вексель *м*
gezogener Wechsel *m*, 99
trassierter Wechsel *m*, 90
Tratte *f*, 90
Rimesse *f*, 80
передавать (вексель) с бланковой надписью
in blanko zedieren, 103
передаточная надпись *ж*
Giro *n*, 45
передаточная надпись на векселе
Wechselgiro *n*, 99
передаточный платеж *м*
Transfer *m*, 90
переменный капитал *м*
variables Kapital *n*, 94
переменный курс *м*

variabler Kurs *m*, 94
«перенасыщенный банками»
overbanked, 70
перепродажа *ж* учетного векселя
Rediskontierung *f*, 78
перерасход *м* средств на счете
Kontoüberziehung *f*, 57
перерасход (счета в банке)
Überziehen *n* (eines Kontos), 92
«перерасходованный кредит» *м*
Überziehungskredit *m*, 92
переуступать (передавать)
zedieren *v*, 103
переучетный контингент *м*
Rediskont-Kontingent *n*, 78
перечислять (деньги)
remittieren *v*, 79
периодические поступления (платежи) *мн*
Rente *f*, 79
персональный кредит *м*
Personalkredit *m*, 72
печатание *с* (эмиссия *ж*) денег
Notendruck *m*, 68
печатный станок *м*
Notenpresse *f*, 68
письменное поручительство *с*
Garantiebrief *m*, 44
платеж *м*
Zahlung *f*, 101
- произвести платеж
eine ~ leisten, 101
- платеж не поступил
die ~ blieb aus, 101
платеж, осуществляемый через банк
bankmäßige Zahlung *f*, 19

платеж по аккредитиву
Zahlung aus Akkreditiven, 101
платежеспособность *ж*
Zahlungsfähigkeit *f,* 102
платежеспособный
zahlungsfähig,
zahlungskräftig, 102
платежи *мн*
Einzahlungen *pl,* 38
платежная система *ж*
Zahlungswesen *n,* 103
платежное поручение *с*
Scheck *m,* 83
платежное поручение (банку)
Zahlungsauftrag *m,* 101
платежное поручение (плательщику)
Zahlungsanweisung *f*
(ZAnw), 101
платежное соглашение *с*
Zahlungsabkommen *n*
(ZA), 101
платежное требование *с*
Zahlungsaufforderung *f,* 101
платежные обязательства *мн*
Zahlungsverbindlichkeiten
pl, 102
платежный баланс *м*
Zahlungsbilanz *f,* 102
платежный лист *м*
Einzahlungsbogen *m,* 38
платежный оборот *м*
Zahlungsverkehr *m,* 103
платежный приказ *м*
Zahlungsbefehl *m,* 101
плательщик *м*
Zahler *m,* 101
Zahlungsverpflichtete Subst

m, f, 103
плательщик по переводному векселю (трассат *м*)
Bezogener *m,* 23
Trassat *m,* 90
платить (по векселю) (акцептировать вексель)
honorieren *v,* 51
платить в рассрочку
in Raten *pl* zahlen, 77
- с выплатой в рассрочку десятью взносами по 5000 немецких марок
zahlbar in zehn Raten à 5000
DM, 77
платить проценты
zinsen *v,* 106
«побочные ценности» *мн* (второстепенные ценные бумаги)
Nebenwerte *pl,* 66
поверенный м торговой фирмы
Handelsagent *m,* 48
повышательная тенденция *ж*
Haussetendenz *f,* 50
повышение *с* заработной платы
Lohnerhöhung *f,* 63
повышение курса
Kursanstieg *m,* 59
повышение курсов ценных бумаг
Hausse *f,* 50
повышение процентной ставки
Zinsfußerhöhung *f,* 106
погашаемая ипотека *ж* (аннуитетная ипотека *ж*)
Tilgungshypothek *f,* 89

погашаемая облигация *ж*
Tilgungsstück *n*, 89
погашаемый займ *м*
Tilgungsanleihe *f*, 89
погашение *с*
Löschung *f*, 63
Tilgung *f*, 89
погашение ипотеки
Löschung einer Hypothek, 63
подделка *ж*
Fälschung *f*, 39
подлежать оплате
zur Zahlung *f* kommen, 101
подлежащий немедленному
исполнению, спот
spot, 85
подлог *м*
Fälschung *f*, 39
подписка *ж* (на заем и т. п.)
Zeichnung *f*, 103
пожизненная рента *ж*
lebenslängliche Rente *f*, 79
позиция *ж* (бухг.)
Posten *m*, 73
показания *мн* (должника) в
суде под присягой о своем
имущественном положении
Offenbarungseid *m*, 69
покрытие *с*
Deckung *f*, 31
- с покрытием
mit Deckung, 31
- без покрытия
ohne Deckung, 31
- предоставить покрытие ценных бумаг
die Deckung erlegen
(hinterlegen, leisten), 31

- продажа по покрытию
Deckungsverkauf *m*, 31
- на покрытие расходов
zur Deckung der Kosten, 31
- сделка по покрытию
Deckungsgeschäft *n*, 31
- покупка по покрытию
Deckungskauf *m*, 31
- средства для покрытия
Deckungsmittel *pl*, 31
покрытие векселя
Wechseldeckung *f*, 99
покупка *ж* претензии
Forderungskauf *m*, 42
покупка ценных бумаг с целью
их вклада на длительный
срок
Anlagekauf *m*, 10
«полиси микс» *м*
Policy Mix *f*, 72
политика *ж* капиталовложений
Anlagepolitik *f*, 10
политика накопления (создание резервов, фондов)
Vorratspolitik *f*, 97
положить деньги в банк
Geld *n* in eine Bank legen,
Geld bei einer Bank anlegen,
13
получатель *м* денег
Geldempfänger *m*, 44
получатель платежа
Zahlungsempfänger *m*, 102
получать ренту (жить на ренту)
eine Rente *f* beziehen, 79
получение *с* денег
Geldeingang *m*, 44

149

получение причитающихся по векселю сумм
Wechselinkasso *n*, 99

получение чека
Scheckeinzug *m*, 83

получить деньги
eine Zahlung erhalten, 101

пользование *с* процентами
Zinsgenuß *m*, 106

пометка *ж*, указывающая на именной характер ценной бумаги
Rektaklausel *f*, 79

помещать что - л. под проценты
etw. A verzinslich anlegen, 96

помещение *с* денег (капитала)
Anlage *f*, 10

помещение имущества
Vermögensanlage *f*, 95

«помощь *ж* для самопомощи»
Hilfe zur Selbsthilfe *f*, 51

помощь Международного валютного фонда по кредитованию
Fazilität *f*,
meist Fazilitäten *pl*, 39

понести убыток
einen Verlust *m* erleiden, 95

понижение *с* (курса)
Baisse *f*, 13

понижение курса
Kursabschlag *m*, 59

понижение процента
Zinsabbau *m*, 105
Zinsherabsetzung *f*, 107

понижение учетного процента
Diskontabbau *m*, 35

попечительство *с* над наслед-

ственным имуществом
Nachlaßpflegschaft *f*, 66

портфель *м*
Portefeuille *n*, 72

портфельная селекция *ж*
Portfolio-Selection *f*, 73

портфельная теория *ж*
Portfolio-Theorie *f*, 73

портфельное планирование *с*
Portfolio-Planung *f*, 73

портфолио - менеджмент *м*
Portfolio-Management *n*, 73

порука *ж*
Bürgschaft *f*, 28

порука (гарантия *ж*)
Haftung *f*, 47

поручение *с* банку (при производстве долговременные операции по обязательствам клиента за счет клиента)
Dauerauftrag *m*, 30

поручитель (-ница) *м, ж*
Bürge *m*, 28
Garant *m*, 44

поручительство *с*
Bürgschaft *f*, 28
Delkrederehaftung *f*, 32
Kaution *f*, 56

поручительство за поручителя
Rückbürgschaft *f*, 81

поручительство по векселю
Wechselbürgschaft *f*, 99

поручительство по покупке
Rückbürgschaft *f*, 81

поручиться за долг
für eine Schuld *f* haften, 47

порядок *м* (правила *мн*) пре-

доставления данной ссуды
под заклад
Belehnungsreglement *n*, 22
последний удар *м* молотка
аукционера (бирж.)
Zuschlag *m*, 109
последующее поручительство *с*
Nachbürgschaft *f*, 66
последующий индоссамент *м*
Nachindossament *n*, 66
посредник *м*
Kommissionär *m*, 56
посредничество *с* в торговых
операциях
Handelsvermittlung *f*, 49
поступление *с* денег
Geldeinnahme *f*, 44
потеря *ж* процентов
Zinsausfall *m*, 106
потребительский кредит *м*
Lieferantenkredit *m*, 61
пошлина *ж*
Zoll *m*, 108
- платить пошлину
~ zahlen (entrichten), 108
- подлежать оплате пошлиной
einem ~ unterliegen, 108
- обложить пошлиной что - л.
etw. A mit ~ belegen, 108
правила *мн* о торговле и консультациях
Händler-und Beraterregeln *pl*,
50
правление *с* (банка)
Vorstand einer Bank *m*, 98
право *с* государства на выпуск
бумажных денег
Banknotenregal *n*, 19

право заимствования
Ziehungsrecht *n*,
meist Ziehungsrechte *pl*, 105
право на освобождение от таможенных пошлин
Zollfreiheit *f*, 108
право (притязание *с*) на получение процентов
Zinsanspruch *m*, 105
право получения дохода
Nutzungsrecht *n*, 68
право распоряжаться банковским счетом другого лица
Vergütungsberechtigung *f*, 95
правовые отношения *мн* (между
лицом, давшим поручение
произвести платеж по переводному документу, и
получателем денег по этому
документу)
Deckungsverhältnis *n*, 31
превратить предъявительские
ценные бумаги в платеж-
ные
vinkulieren *v*, 97
превратить проценты *мн* в
капитал
die Zinsen *pl* zum Kapital
schlagen, 105
превращение *с* краткосрочного
займа в долгосрочный
Umschuldung *f*, 92
превращение предъявительских
ценных бумаг в именные
Vinkulation *f*, 96
превышение *с* расходов над
доходами
Ausgabenüberschuß *m*, 11

превышение счета
Kontoüberziehung *f*, 57

предварительный документ, дающий право на последующее получение дивидендов
Dividendenscrip *m*, 36

предел *м* **ответственности**
Haftungsgrenze *f*, 47

предложение *с* (сделки)
Offerte *f*, 69

предмет *м* **торговли** (товар *м*)
Handelsartikel *m*, 48

предоставление *с* **кредита**
Kreditgewährung *f*, 58

предоставление кредита *с* **последующим погашением**
Ausleihung *f* 2, 11

предоставление льгот *мн* **по кредиту**
Krediterleichterung *f*, 57

предоставлять кому - л. скидку на что - л.
jdm. D etw. A rabattieren, 77

предоставлять скидку
Rabatt *m* gewähren (geben), 77

предоставлять субсидию
Zuschuß *m* gewähren, 109

предпринимательский капитал *м*
Unternehmungskapital *n*, 92

представитель *м* **торговой фирмы**
Handelsvertreter *m*, 49

предъявительский срок *м* (срок предъявления)
Vorlegungsfrist *f*, 97

предъявить счет к уплате
eine Rechnung *f* liquidieren, 78

преимущественное право *с* **акционера на приобретение новых акций**
Bezugsrecht *n*, 23

преимущественные условия *мн*
Handelspräferenzen *pl*, 49

прекратить платежи
die Zahlungen *pl* einstellen, 101

претензия *ж*
Forderung *f*, 42

прибыльность *ж*
Rentabilität *f*, 79

привилегированная акция *ж*
Vorzugsaktie *f*, 98

привилегированные акции *мн*
Preferred Stocks *pl*, 73
Vorzugsaktien *pl*, 98

привилегированный дивиденд *м*
Vorzugsdividende *f*, 98

привлечение *с* **кредитов**
Kreditakquisition *f*, 57

привлеченный капитал *м*
Fremdkapital *n*, 43

приказ *м* **об уплате**
Zahlungsbefehl *m*, 101

принимаемый к учету
diskontierbar, 35

принимать векселя к учету
Wechsel *m, pl* in Diskont nehmen, 35

приносить прибыль (в виде процентов)
sich verzinsen, 96

приносить (давать) проценты (доход)
Zinsen *f* tragen (bringen), 106

приносить проценты

zinsen *v*, 106

приносить убыток
einen Verlust *m* bringen, 95

приносящий проценты (доход)
zinsbar, 106
zinstragend, 108

принудительная продажа *ж* **с аукциона**
Zwangsversteigerung *f*, 110

принудительное взыскание *с*
Zwangsvollstreckung
(Zv oder ZwV) *f*, 110

принудительное приведение *с* **в исполнение судебного решения**
Zwangsvollstreckung *f*
(Zv oder ZwV), 110

принудительные накопления *мн*
Zwangssparen *pl*, 110

принудительный заем *м*
Zwangsanleihe *f*, 109

принудительный курс *м*
Zwangskurs *m*, 109

принцип *м* **приложения оправдательного документа**
Belegprinzip *n*, 22

принятие *с* **к оплате** (векселя)
Akzept *n,* 9

принятие на себя поручительства
Bürgschaftserklärung *f*, 28

принятый в технике банковского дела
banktechnisch, 20

принятый в торговле
handelsüblich, 49

приостановление *с* **платежей**

Zahlungsstockung *f*, 102

приостановление (прекращение *с*) **платежей**
Zahlungseinstellung *f*, 102

«приток *м* **денег»**
Cash flow *m*, 29

приход *м*
Einnahmen *pl*, 37

приход и расход *м*
(das) Soll und (das) Haben, 47, 84

приходная статья *ж*
Einnahmeposten *m*, 38

приходный ордер *м*
Einzahlschein *m*, 38

проверка *ж* **годового баланса**
Jahresabschlußprüfung *f*,

проверка депозитов
Depotprüfung *f*, 33

проверка заемщика на кредитоспособность (для предоставления ему кредита)
Kreditprüfung *f*, 58

программная торговля *ж*
Programmhandel *m*, 74

программный кредит *м*
Programmkredit *m*, 74

продавать акции
Papiere *pl* zu Geld machen, 71

продавать кому - л. что - л. со скидкой
jdm. D etw. A rabattieren, 77

продажа *ж* **недвижимого имущества с публичного торга**
Zwangsversteigerung *f*, 110

продающее (сдающее) **вексель на учет лицо** *с*
Diskontgeber *m*, 35

продлевать (отсрочивать)
prolongieren *v*, 74
продление *с* (отсрочка *ж*)
Prolongation *f*, 74
продление *с* срока
Terminverlängerung *f*, 88
производительность *ж* (продуктивность *ж*)
Produktivität *f*, 74
«производить или покупать»
Make or buy, 64
производный продукт *м*
Derivativprodukt *m*, 33
производственный кредит *м*
Produktionskredit *m*, 74
пролонгация *ж* (векселя)
Prolongation *f*, 74
пролонгированный вексель *м*
Prolongationswechsel *m*, 74
пролонгировать вексель
prolongieren *v*, 74
промежуточный баланс *м*
Zwischenbilanz *f*, 110
промежуточный кредит *м*
Zwischenkredit *m*, 110
промежуточный процент *м*
Zwischenzins *m*, 110
промесса *ж*
Promesse *f*, 74
просроченный вексель *м*
notleidender Wechsel *m*, 68
просроченный платеж *м*
Zahlungsrückstand *m*, 102
просрочить платеж
mit der Zahlung *f* in Verzug
geraten (kommen), 96
просрочка *ж* (векселя)
Verfall *m*, 94

просрочка (платежа)
Verzug *m*, 96
простое банкротство *с*
einfacher Bankrott, 20
простой вексель *м*
eigener Wechsel *m*, 99
простой вексель на срок 1-2 месяца
Commercial paper *n*, 29
протест *м*
Protest *m*, 74
профессиональное управление
с имуществом по договору
Asset Management *n* 2, 11
процент *м* (доход *м* с капитала)
Zins *m*, 105
Rate *f*, 77
процент, процентная ставка *ж*
Prozentsatz *m*, 74
Zinsfuß *m*, 106
Zinssatz *m*, 107
- в виде процентов
zinsweise, 108
процентная индексация *ж*
Zinsindexierung *f*, 106
процентная маржа *ж*
Zinsspanne *f*, 107
процентная разница *ж*
Zinsgefälle *n*, 106
процентная редукция *ж*
Zinsreduktion *f*, 107
процентная ставка *ж*
Zinssatz *m*, 107
Zinsfuß *m*, 106
процентная форма *ж*
Zinsform *f*, 106
процентное число *с*
Zinszahl (Zz) *f*, 108
процентоспособность *ж*

Verzinslichkeit *f*, 96

процентные бумаги *мн*
zinstragende Papiere *pl*, 108

процентные ставки *мн* (на валютном рынке)
Geldmarktsätze *pl*, 45

процентный арбитраж *м*
Zinsarbitrage *f*, 105

процентный курс *м* (процент *м*
курса)
Prozentkurs *m*, 74

процентный механизм *м*
Zinsmechanismus *m*, 107

процентный «своп» *м*
Zinsswap *m*, 108

публичность *ж*
Publizität *f*, 74

публичные торги *мн*
Auktion *f*, 11

пункт *м* (бирж.)
Punkt *m*, 74

пустая позиция *ж*
Leerposition *f*, 61

«пустой вексель» *м*
Leerwechsel *m*, 61
Finanzwechsel *m*, 41

пустые акции *мн*
Leeraktien *pl*, 61

«пэй - дэй» *м*
Pay-Day *m*, 72

Р

рабат *м*
Rabatt *m*, 77

разделение *с* (например, высоко котирующейся акции на
несколько акций)
Splitting *n*, 85

размен *м* **денег**
Geldwechsel *m*, 45

размер *м* **процентов**
Verzinslichkeit *f*, 96

разница *ж* **валютных курсов**
Währungsgefälle *n*, 99

**разница между процентными
ставками**
Zinsspanne *f*, 107

разрешенный к продаже
handelsfrei, 48

рантье *м*
Rentier *m*, 79

расписка *ж* (в получении)
Quittung *f*, 76

распределение *с* **риска**
Risikoverteilung *f*, 81

распределять кредитный риск
Kreditrisiko verteilen, 80

«распродажа *ж* **через менеджмент»**
Management Buyout (MBO)
n , 64

распространение *с* **вновь вы-
пущенных ценных бумаг**
Placierung *f*, 72
Plazierung *f*, 72

«распыление *с* **риска»**
Risikostreuung *f*, 80

расчет *м* (подсчет *м*)
Verrechnung *f*, 95

**расчет плановыми платежа-
ми**
Lastschrift *f*, 60

расчет платежей через банк
bankmäßig orientierter
Zahlungsverkehr *m*, 19
расчетная единица *ж*
Verrechnungseinheit *f* (VE), 95
расчетная система *ж*
Zahlungsverkehr *m*, 103
расчетные (клиринговые) операции *мн*
Verrechnungsverkehr *m*, 96
расчетный курс *м*
Verrechnungskurs *m*, 95
расчетный счет *м*
Verrechnungskonto *n*, 95
расчетный счет (в зарубежном банке)
offset account, 69
расчетный чек *м*
Verrechnungsscheck *m*, 95
расчеты *мн* (взаимные)
Zahlungsausgleich *m*, 101
реализуемость *ж*
Liquidität *f*, 62
реальная собственность *ж*
Realbesitz *m*, 77
реальная (фактическая) **стоимость** *ж* (например, ценной бумаги)
Realwert *m*, 78
«реальная ценность» *ж*
Sachwert *m*, 82
Substanzwert *m*, 85
реальный капитал *м*
Realkapital *n*, 55
Sachkapital *n*, 82
реальный кредит *м*
Sachkredit *m*, 82
ревизия *ж* (баланса, отчет-

ности)
Audit *m*, *n*, 11
региональные ценности *мн*
Regionalwerte *pl*, 78
региональный банк *м*
Regionalbank *f*, 78
регистр *м* **сроков уплаты по векселям**
Verfallbuch *n*, 94
регистрировать (торговую фирму)
(eine Handelsfirma)
ins Handelsregister eintragen, 49
регламентация *ж* (регулирование *с*) **процентов**
Zinsreglementierung *f*, 107
регулирование *с* **курса**
Kursregulierung *f*, 59
регулирование (унификация *ж*) **процентов**
Zinsregelung *f*, 107
режим *м* **свободного** (беспошлинного) **таможенного оборота**
Zollfreiheit *f*, 108
резервы *мн* (резервный капитал *м*)
Reserven *pl*, 79
рейтинг *м*
Rating *n*, 77
ремитент *м*
Remittent *m*, 79
Wechselnehmer *m*, 100
рента *ж*
Rente *f*, 79
рентабельность *ж*
Rentabilität *f*, 79

рентный банк *м*
Rentenbank *f*, 79
реституция *ж*
Rückerstattung *f*, 81
рефинансирование *с*
Refinanzierung *f*, 78
рефляция *ж*
Reflation *f*, 78
рецессия *ж*
Rezession *f*, 80
римесса *ж*
Rimesse *f*, 80
gezogener Wechsel *m*, 99
риск *м* (чаще мн: риски)
Risiko *n*, 80
meist Risiken *pl*, 80
риск, возникающий по причине изменения процентной ставки
Zinsänderungsrisiko *n*, 105
риск дебиторов
Debitorenrisiko *n*, 30
риск, связанный с возможной неплатежеспособностью клиента
Kundenrisiko *n*, 80
риск страны (политический риск)
Länderrisiko *n*, 60
«рискованное финансирование» *с*
Wagnisfinanzierung *f*, 99
«рискованный капитал» *м*
Wagniskapital *n*, 99
рисковый капитал *м*
Venture Capital *n*, 94
Wagniskapital *n*, 99
«ритейл бэнкинг» *м*

Retail Banking *n*, 80
ролловер кредит *м*
Roll-over-Kredit *m*, 81
ростовщичество *с*
Zinswucher *m*, 108
ручательство *с*
Garantie *f*, 44
- с ручательством за что - л.
unter Haftung *f* für etw. A, 47
ручаться (брать ручательство)
haften für A, 47
ручаться за кого - л. (давать гарантию)
Bürgschaft *f* für jdn. A leisten, 28
ручная сумма *ж* (небольшая сумма)
Handbestand *m*, 47
рынок *м* акций
Aktienmarkt *m*, 9
рынок долгосрочного кредита
Kapitalmarkt *m* 2, 55
рынок кредитов
Anleihemarkt *m*, 10
Kreditmarkt *m*, 58
рынок ценных бумаг
Wertpapiermarkt *m*, 100

С

сальдо *с*
Saldo *m*, 82
Abschluß *m*, 9
Rechnungsausgleich *m*, 78
самоокупаемость *ж*
Rentabilität *f*, 79

санация *ж*
Sanierung *f*, 83

сберегательная касса *ж*
Sparkasse *f*, 84

сберегательное учреждение *с*
(сберегательный банк *м*)
Sparbank *f*, 84
Sparbanken *pl*, 84
Verwahrstelle *f*, 96

сберегательный банк *м*
Sparbank *f*, 84

сбор *м* (за продление срока
действия ипотечной ссуды с
выгодными процентными
ставками)
Belassungsgebühr *f*, 22

сборы *мн* (за производство
банковских операций)
Bankspesen *pl*, 20

свертывание *с* производства
Rezession *f*, 80

СВИФТ
SWIFT, 85

свободная зона *ж* банков
Bankenfreizone *f*, 15

свободная зона торговли
Freihandelszone *f*, 43

свободное валютное пространство
freier Währungsraum *m*, 42

свободные средства *мн*
flüssige Mittel *pl*, 42

«свободные штуки» *мн*
freie Stücke *pl*, 42, 85

свободный от ипотеки (незаложенный)
hypothekenfrei, 52

свободный счет *м*

Freizügigkeitskonto *n*, 43

своп *м*
Swap *m*, 85

сделать заем
ein Darlehen *n* aufnehmen, 30

сделка *ж* за наличный расчет
Kassageschäft *n*, 55
Komptantgeschäft *n*, 56

сделка на понижение (заключение сделки на понижение)
Baisseengagement *n*, 13

сделка на срок (срочная сделка)
Festgeschäft *n*, 39
Termingeschäft *n*, 88
Zeitgeschäft *n*, 103
Zielgeschäft *n*, 105

сделка на твердый срок
festes Termingeschäft *n*, 88

сделка (финансовая или торговая операция *ж*), подлежащая исполнению в тече-
ние трех дней
Tagesgeschäft *n*, 86

сделки *мн* по курсам в иностранной валюте при ее купле
- продаже
Usancehandel *m*, 92

сейф *м*
Tresor *m*, 90

секвестрация *ж* (принудительное управление *с*)
Zwangsverwaltung *f*, 110

сельскохозяйственная касса *ж*
взаимопомощи «Райфайзен»
Raiffeisen-Kasse *f*, 77

сертификат *м*
Zertifikat *n*, 104

сеть *ж* банковских филиалов

(сеть отделений банка)
Bankstellennetz *n*, 20

сеть филиалов (банка)
Filialnetz *n*, 40

система *ж* **ведения бухгалтерских записей**
Buchungssystem *n*, 27

система посредничества
Treuhänderwirtschaft *f*, 91

система тарифных групп
Tarifgruppensystem *n*, 86

система частных банков
Private Banking *n*, 73

скидка *ж*
Rabatt *m*, 77

скорость *ж* **обращения** (денег)
Umlaufgeschwindigkeit *f* (des Geldes), 92

слияние *с*
Fusion *f*, 43
Verschmelzung *f* (der Banken), 96

слияние (банков)
Verschmelzung *f* (der Banken), 96

сложные проценты *мн*
Zinseszinsen *pl*, 106

служащий (-ая) **банка** *м*, *ж* (банковский служащий *м*)
Bankangestellte Subst *m*, *f*, 14

снижение *с* **заработной платы**
Lohnsenkung *f*, 63

снижение учетной ставки
Diskontherabsetzung *f*, 35

собственные средства *мн*
eigene Mittel *pl*, 37

собственный капитал *м*
Eigenkapital *n*, 37

собственный капитал и привлеченный капитал
EK & FK, 37

совет *м* **управляющих** (доверенным имуществом)
Treuhänderrat *m*, 91

совместное предприятие *с*
Joint-venture *n*, 54

совокупность *ж* **правовых норм, регулирующих отношение собственника к его имуществу**
Vermögensrecht *n*, 95

совокупный капитал *м*
Kapitalwert *m*, 55

согласие *с* (банка) **на предоставление кредита**
Kreditzusage *f*, 58

соглашение *с* **о комиссионном вознаграждении**
Courtage Konvention *f*, 29

соглашение о многосторонних расчетах
Zahlungsräume *pl*, 102

соглашение о моратории
Stillhalteabkommen *n*, 85

соглашение о процентах по кредиту
Zinsabkommen n (ZA), 105

сокращение *с* (кредита)
Restriktion *f*, 80

солидарная ответственность *ж*
solidare Haftpflicht *f*, 47

соло - вексель *м*
Solowechsel *m*, 99
eigener Wechsel *m*, 99

соотношение *с* «курс:прибыль»
Kurs-Gewinn-Verhältnis *n*, 59

составление *с* (сведение *с*)
баланса
Bilanzziehung *f,* 24

состояние *с*
Vermögen *n,* 95

состояние (фонд *м*)
Bestand *m,* 22

состояние счетов в банке
Bankstatus *m,* 20

Союз *м* страхования служащих Немецкой банковской системы
Beamtenversicherungsverein des Deutschen Bank-und Bankiergewerbes a. G., 21

Союз частных ипотечных банков
Verband privater Hypothekenbanken e. V., 17

спекулянт *м,* играющий на повышение (оссист *м*)
Haussespekulant *m,* 50

специализированные банки *мн*
Spezialbanken *pl,* 84

списание *с* со счета (баланса)
Abschreibung *f,* 9

список *м* торговых фирм
Firmenregister *n,* 41

способность *ж*
Fazilität *f,* 39

спот *м*
Spotgeschäft *n,* 85

справка *ж* о неудовлетворенности претензии
Verlustschein *m,* 95

сращивание *с*
Fusion *f,* 43

среднесрочная ценная бумага *ж*

Sparbrief *m,* 84

средства *мн*
Fazilitäten *pl,* 39

средства на покрытие торгового рынка
Handelsrisiko *n,* 49

средства обращения (оборотные средства)
Zirkulationsmittel *pl,* 108

средство *с* платежа
Zahlungsmittel *n,* 102

срок *м*
Sicht *f,* 84

срок векселя (срок уплаты по векселю)
Verfallsdatum *n,* 94

срок выплаты процентов
Zinstermin *m,* 108

срок исполнения обязательства
Fälligkeit *f,* 39

срок (дата *ж*) исполнения платежного обязательства
Fälligkeitstermin *m,* 39

срок использования (срок амортизации)
Nutzungsdauer *f,* 68

срок использования (преимущественного права на приобретение новых акций)
Bezugsfrist *f,* 23

срок оборота
Rückflußdauer *f,* 81

срок платежа
Einzahlungsfrist *f,* 38
Einzahlungstermin *m,* 38
Fälligkeit *f,* 39
Zahlungsfrist *f,* 102

срок платежа (по долговому

обязательству)
Zahlungsziel *n*, 103
Zahlungsfrist *f*, 102
срок предоставления кредита
Kreditdauer *f*, 57
Kreditfrist *f*, 57
срочная биржа *ж*
Terminbörse *f*, 87
срочная валюта *ж*
Termindevisen *pl*, 87
срочная операция *ж*
Festgeschäft *n*, 39
срочная рента *ж*
Zeitrente *f*, 103
срочная ссуда *ж*
Zeitgeld *n*, 103
meist Zeitgelder *pl*, 103
срочные (ценные) бумаги *мн*
Terminpapiere *pl*, 88
срочные девизы *мн*
Termindevisen *pl*, 87
срочные деньги *мн*
Termindevisen *pl*, 87
срочные поручительства *мн*
Termingeld *n*, 88
срочные ссуды *мн*
Kautionen *pl* auf Zeit, 56
Ausleihungen *pl* Zeit, 12
срочный вклад *м*
befristete Einlage *f*, 22
Termineinlage *f*, 88
Zeitanlage *f*, 103
срочный вклад (в банке)
Festgeld *n*,
Festgelder *pl*, 99
срочный долг *м*
Terminschuld *f*, 88
срочный заем *м*

Zeitgeld *n*,
meist Zeitgelder, 103
срочный платеж *м*
Terminzahlung *f*, 88
срочный рынок *м*
Terminmarkt *m*, 88
ссуда *ж*
Darlehen *n*, 30
Anleihe *f*, 10
Leihe *f*, 61
ссуда денег под заклад
Belehnung *f*, 22
ссудная (заемная) операция *ж*
Darlehensgeschäft *n*, 30
ссудные операции *мн*
Darlehensgeschäfte *pl*, 30
ссудный капитал *м*
Darlehenskapital *n*, 30
ссудный счет *м*
Darlehenskonto *n*, 30
ссуды гарантированные
Ausleihungen *pl* mit Deckung, 11
ставка *ж* (норма *ж*)
Rate *f*, 77
стандартный
handelsüblich, 49
статья *ж* (бюджета)
Posten *m*, 73
стоимостной анализ *м*
Value Analysis *f*, 93
стоимость *ж* денег
Geldwert *m*, 45
стоимость согласно торговым книгам
Buchwert *m*, 27
сторнировать
stornieren *v*, 85

161

сторно *с*
Storno *m*, 85

страны *мн,* связанные торговым договором
Handelsvertragsländer *pl*, 49

страхование *с*
Versicherung *f*, 96

страхование ценностей (ценных бумаг)
Valorenversicherung *f*, 93

страховая премия *ж*
Versicherungsprämie *f*,

страховая сумма
Versicherungsbetrag *m*, 96

страховой полис *м* (страховое свидетельство *с*)
Versicherungspolicy *f*, 96
Versicherungsschein *m*, 96

субсидия *ж*
Zuschuß *m*, 109

сумма *ж* баланса
Bilanzsumme *f*, 24

сумма вклада
Depositengeld *n*, 32

сумма гарантии (поручительства)
Haftsumme *f*, 47

сумма нетто
Nettobetrag *m*, 67

сумма (по плану)
Sollbetrag *m*, 84

сумма текущего платежа
Tilgungssumme *f*, 89

суточный баланс *м*
Tagesbilanz *f*, 86

суточный оборот *м*
Tagesumsatz *m*, 86

счет *м*
Konto *n*, 56
Faktura *f*, 39
Forderung *f*, 42

счет (документ *м*)
Rechnung *f*, 78

счет в банке
Bankkonto *n*, 18
Konto *n*, 56

счет «востро»
Vostrokonto *n*, 98
Lorokonto *n*, 98

счет дебиторов
Debitorenkonto *n*, 30

счет депозитов
Depotkonto *n*, 33

счет заработной платы
Lohn-und Gehaltskonto *n*, 69

счет «лоро»
Lorokonto *n*, 98

счет, на который перечисляется заработная плата (счет заработной платы)
Salärkonto *n*, 82
Lohn-und Gehaltskonto *n*, 63

счет «ностро» (ностро - конто)
Nostrokonto *n*, 68

счет процентов
Zinskonto *n*, 106

счетоводство *с*
Rechnungsführung *f*, 78
Rechnungswesen *n*, 78

T

таблица *ж* вычисления сложных процентов
Zinstabelle *f*, 108

тайна *ж* вклада
Bankgeheimnis *n*, 17

талон *м* от процентной бумаги
Zinsleiste *f*, 107

таможенная льгота *ж*
Zollbegünstigung *f*, 108

таможенный союз *м* (таможенная уния *ж*)
Zollunion *f*, 109

таможенный тариф *м*
Zolltarif *m* (ZT), 109
Zoll *m*, 108

таможня *ж*
Zoll *m*, 108
Zollamt *n*, 108

тантьема *ж*
Tantieme *f*, 86

тариф *м*
Tarif *m*, 86

твердая валюта *ж*
harte Währung *f*, 50

твердая тенденция *ж*
eine feste Tendenz *f*, 87

твердое авансирование *с*
feste Vorschüsse *pl*, 39

твердый обменный курс *м*

fester Wechselkurs *m*, 39

тезаврация *ж* (тезаврирование *с*)
Thesaurierung *f*, 88

тезаврирование *с* (сбережение
денег на дому)
Hortung *f*, 51

тезаврировать (сберегать деньги дома)
horten *v*, 51

текущие платежи *мн*
laufende Tilgungen *pl*, 89

текущий счет *м*
laufendes Konto *n*, 57

телебанкинг *м*
Telebanking *n*, 87

телеграфный трансферт *м*
Telegraphic Transfer *m*, 87

телькельный курс *м*
Telquel-Kurs *m*, 87

тенденция *ж*
Tendenz *f*, 87
Trend *m*, 90

тенденция к повышению
eine steigende (ansteigende)
Tendenz *f*, 87

тенденция к понижению
eine fallende (sinkende)
Tendenz *f*, 87

«теория банкинга» *ж*
Banking-Theorie *f*, 18

теория ликвидной преференции
(теория предпочтения лик-
видности)
Liquiditätspräferenz-Theorie
f, 62

теория процентной структуры
Zinsstrukturtheorie *f*, 108

теория «рэндом - уок»
Random-Walk-Theorie *f*, 77
теория финансового рынка
Finanzmarkttheorie *f*, 41
«тип» *м* (намек *м*)
Tip *m*, 89
тираж *м* **по выигрышным вкладам в сберкассе**
Losung *f* im Prämiensparen, 73
тиражная таблица *ж*
Ziehungsliste *f*, 105
товарная биржа *ж*
Warenbörse *f*, 99
Produktenbörse *f*, 74
товарная цена *ж*, **взятая за основу при начислении пошлины**
Zollwert *m*, 109
товарные опционы *мн*
Traded Options *pl*, 89
товарообмен *м*
Handelsaustausch *m*, 48
торговая доверенность *ж*
Handlungsvollmacht *f*, 50
торговая комиссия *ж*
Handelsdeputation *f*, 48
торговая оговорка *ж*
Handelsklausel *f*, 49
торговая операция *ж*
Handelstransaktion *f*, 49
торговая операция (сделка *ж*)
Handel *m* 2, 48
- заключить торговую сделку с кем - л.
einen Handel mit jdm. D abschließen, 48
- пойти на сделку с кем - л.
sich auf einen Handel mit jdm.

D einlassen, 48
торговая переписка *ж*
Handelskorrespondenz *f*, 49
торговая формула *ж*
Handelsklausel *f*, 49
торговля *ж*
Handel *m* 1, 49
- внешняя торговля
auswärtiger Handel, 48
Außenhandel, 48
- внутренняя торговля
innerer Handel, 48
inländischer Handel, 48
- заокеанская торговля
überseeischer Handel, 48
- оптовая торговля
Großhandel, 48
торговля (наличной) **иностранной валютой**
Sortengeschäft *n*, 84
торговля пакетами акций
Pakethandel *m*, 71
торговля по появлении
Handel *m* per Erscheinen, 48
торговля *с* **пассивным балансом**
Passivhandel *m*, 71
торговое агентство *с*
Handelsagentur *f*, 48
торговое дело *с* (торговля)
Handlung *f*, 50
торговое кооперативное товарищество *с*
Handelsgenossenschaft *f*, 49
торговое (акционерное) **общество** *с*
Handelsgenossenschaft *f*, 48
торговое посредничество *с*

Handelsvermittlung *f*, 49

торговое право *с*
Handelsrecht *n*, 49

**торговое (коммерческое) согла-
шение** *с*
Handelsabkommen *n*, 48

торгового качества
handelsüblich, 49

торговые банки *мн*
Handelsbanken *pl*, 48
Merchant Banks *pl*, 64

торговые издержки *мн*
Handlungsunkosten *pl*, 50

торговые книги *мн*
Handelsbücher *pl*, 48

торговые переговоры *мн*
Handelsverhandlungen *pl*, 49

торговые полномочия *мн*
Handlungsvollmacht *f*, 50

торговые привилегии *мн*
Handelsfreiheiten *pl*, 48

торговый агент *м*
Handelsagent *m*, 48

торговый ассортимент *м*
Handelssortiment *n*, 49

торговый баланс *м*
Handelsbilanz *f*, 48

**торговый (биржевой) бюлле-
тень** *м*
Handelszettel *m*, 50

торговый вексель *м*
Handelswechsel *m*, 49

торговый кодекс *м*
Handelsgesetz buch (HGB) *n*, 49

«торговый обычай» *м*
Usance *f*, 92

торговый отдел *м*
Abteilung Handel *f*, 48

торговый посредник *м*
Handelsvermittler *m*, 49
Market Maker *m*, 64

торговый регистр *м*
Handelsregister n, 49

торговый риск *м*
Handelsrisiko *n*, 49

торговый служащий *м*
Handlungsgehilfe *m*, 50

торгпред *м*
Handelsvertreter *m*, 49

трансакция *ж* (сделка *ж*)
Transaktion *f*, 90

транспортная накладная *ж*
Konnossement *n*, 56
Ladeschein *m*, 60

трансферт *м*
Transfer *m*, 90

трансферт капитала
Kapitalübertragung *f*, 55

трансформационная функция *ж*
Transformationsfunktion *f*, 90

транша *ж*
Tranche *f*, 90

трассант *м*
Trassant *m*, 90

трассат *м*
Trassat *m*, 90
Wechselnehmer *m*, 100

трассировка *ж*
Ziehung *f*, 105

трастовая компания *ж*
Trust-Company *f*, 91
Trust-Bank *f*, 91
Treuhandbank *f*, 91

трастовый банк *м*
Trust-Bank *f*, Treuhandbank *f*, 91
Trust-Company *f*, 91

тратта _ж_ **дебитора**
Debitorenziehung _f_, 31
требование _с_ **с отказом от ранга**
Forderung _f_ mit Rangrück-
tritt, 42
тренд _м_
Trend _m_, 90
третейский суд на бирже
Börsengericht _n_, 26
тумстон _м_
Tombstone _m_, 89
тянуть _с_ **платежом**
sich gegen die Zahlung _f_ sträuben, 101

У

убыток (-и) _м, мн_
Verlust _m_, 95
Verluste _pl_, 95
убыточная операция _ж_ (убыточное дело _с_)
Verlustgeschäft _n_, 95
улучшение _с_ **качества кредита**
Credit Enhancement _n_, 29
уменьшение _с_ (понижение _с_)
процентной ставки
Zinsfußermäßigung _f_, 106
универсальные банки _мн_
Universalbanken _pl_, 92

уплата _ж_
Zahlung _f_, 101
Deckung _f_, 31
уплата в рассрочку
Teilzahlung _f_, 87
уплата _ж_ **долга**
Tilgung _f_, 89
уплата (начисление _с_) **про-**
центов
Verzinsung _f_, 96
уплачивать
remittieren _v_, 79
управление _с_ **активными бан-**
ковскими операциями
Asset Management _n_ 1, 11
управление имуществом
Vermögensverwaltung _f_, 95
управление (банка) имущест-
вом клиента
Treuhandverwaltung _f_, 91
управление секвестрированным
имуществом
Treuhand _f_, 90
управление ценными бумагами
Verwaltung _f_ von Wertpapieren, 96
Wertpapierverwaltung _f_, 100
управление чужим имуществом
по поручению доверителя
Treuhand _f_, 90
Treuhandschaft _f_, 91
управление _с_ **секвестрирован-**
ным предприятием
Treuhänder _m_, 91
Trustee _m_, 91
уровень _м_ **процента**
Zinssatz _m_, 107
Zinsfuß _m_, 106

уровень процентных ставок
Zinsniveau *n*, 107

условия *мн* (ведения) банковских операций, условия платежа
Bankbedingungen *pl*, 14

условная сделка на срок
bedingtes Termingeschäft *n*, *88*

устав *м* банка
Bankordnung *f*, 19

установление *с* залогового права (на имущество)
Verpfändung *f*, 95

установление официальных биржевых курсов
Quotierung *f*, 76

устойчивые заемные средства *мн*
nachrangige Anleihen *pl*, 66

уступать право требования
eine Forderung *f* zedieren, 103

уступка *ж* требования
Forderungsabtretung *f*, 42

утвержденная судом мировая сделка *ж* кредиторов с должником, обязательная для всех кредиторов
Zwangsvergleich *m*, 110

учет *м*
Diskont *m*, 34
Diskontierung *f*, 35
Rechnungswesen *n*, 78

учет векселя
Wechseldiskont *m*, 99

учет (дисконтирование *с*) векселей
Diskontgeschäft *n*, 35
Diskontierung *f*, 35

учетная контора *ж*
Diskontgeschäft *n*, 35
Diskonthaus *n*, 35

учетная политика *ж*
Diskontpolitik *f*, 35

учетная ставка *ж*
Diskontrate *f*, 35
Diskontsatz *m*, 35

учетные (дисконтные) операции *мн*
Diskontgeschäfte *pl*, 35

учетный банк *м*
Diskonthaus *n*, 35
Wechselbank *f*, 99

учетный комитет *м* (банка)
Diskontstelle *f*, 35

учетный процент *м*
Diskontsatz *m*, 35

учетный процент (учетная ставка *ж*)
Banksatz *m*, 20

учетный процент (учетная ставка, взимаемая банком при покупке векселей)
Bankrate *f*, 19

учетоспособный (вексель)
diskontierbar, 35

учитывать (вексель)
diskontieren *v*, 35

учитывать векселя
Wechsel in Diskont nehmen, 35

учитывающее вексель лицо *с* (предприятие *с*)
Diskontant *m*, 35
Diskontnehmer *m*, 35

учиться торговому делу
die Handlung *f* erlernen, 50

Ф

Ф/А (февраль - август)
F/A *m*, 39

фавориты *мн*
Favoriten *pl*, 39

«файненшл фьючерз» *мн*
Financial Futures *pl*, 40

фактический курс *м*
Nettokurs *m*, 67

фактическое (наличное) состояние *с*
Nettovermögen *n*, 67

фактическое состояние имущества
Vermögensbestand *m*, 95

фактура *ж*
Faktura *f*, 39

фальсификация *ж*
Fälschung *f*, 39

фальшивые деньги *мн*
gefälschte Noten *pl*, 68

Федеральная комиссия *ж* наблюдения за банками в ФРГ
Bankaufsicht *f*, 14

Федеральное бюро *с* надзора над кредитной системой
Bundesaufsichtsamt für
das Kreditwesen (BAK) *n*, 27

Федеральное объединение *с* немецких лизинговых обществ
Bundesverband deutscher

Leasing-Gesellschaften e.V.
m,17

Федеральное объединение немецких народных банков и банков «Райфайзен»
Bundesverband der deutschen
Volksbanken und Raiffeisen-
banken e. V. (BVR) *m*, 17

Федеральный союз *м* немецких банков
Bundesverband deutscher
Banken e. V. *m*, 17

фидуциарная сделка *ж*
fiduziarisches Geschäft *n*, 40

фидуциарная собственность *ж*
fiduziarisches Eigentum *n*, 40

фидуциарная эмиссия *ж*
Fiduciary Issue *f*, 39

фидуциарное покрытие *с*
fiduziarische Deckung *f*, 40

фидуциарные сделки *мн*
fiduziarische Geschäfte *pl*, 40

фидуциарный
fiduziarisch, 40

филиал *м* (банка)
Bankfiliale *f*, 17
Niederlassung *f*, 67
Zweigniederlassung *f*, 110
Zweigstelle *f*, 110

филиал банка (банковское отделение *с*)
Bankstelle *f*, 20

филиал банка (местное отделение банка)
Bankfiliale *f*, 17

филиальный (крупный) банк *м*
Filialgroßbank *f*, 40

финансирование *с*
Finanzierung *f*, 41
финансирование предприятий
Corporate Finance *f*, 29
финансирующий лизинг *м*
Finanzierungsleasing *n*, 41
финансист *м*
Finanzmann *m*, 41
финансовая политика *ж*
Finanzpolitik *f*, 41
финансовое положение *с*
finanzielle Lage *f*, 41
финансовое право *с*
Finanzrecht *n*, 41
финансовое соглашение *с*
Finanzausgleich *m*, 40
финансовые инвестированные
фонды *мн*
Finanzanlagevermögen *n*, 40
финансовый
finanziell, 41
финансовый анализ *м*
Finanzanalyse *f*, 40
финансовый вексель *м*
Finanzwechsel *m*, 41
финансовый (статистический)
год *м*
Rechnungsjahr (RJ) *n*, 78
финансовый инжиниринг *м*
Financial Engineering *n*, 40
финансовый инспектор *м*
Wirtschaftsprüfer *m*, 100
финансовый капитал *м*
Finanzkapital *n*, 41
финансовый контроль *м*
Finanzkontrolle *f*, 41
финансовый анализ *м*
Finanzanalyse *f*, 40

финансовый менеджмент *м*
Financial Management *n*, 40
финансовый (-ые) орган (-ы)
м, *мн*
Finanzbehörde *f*,
meist Finanzbehörden *pl*, 41
финансовый план *м*
Finanzplan *m*, 41
финансовый рынок *м*
Finanzmarkt *m*, 41
финансовый суд *м*
Finanzgericht *n*, 41
фирма *ж*
Firma *f*, 41
фиск *м*
öffentlicher Haushalt *m*, 69
фискальная политика *ж*
Fiscal Policy *f*, 42
фонд *м* (фонды *мн*)
Fonds *m*, *pl*, 42
фонд основных средств
Anlagefonds *m*, 10
фонд погашения
Tilgungsfonds *m*, 89
фондовая биржа *ж* (фондовые
биржи *мн*)
Effektenbörse *f*, 37
Aktienbörse *f*, 9
Fondsbörse *f*, 42
Stock Exchange *f*, 85
фондовые банки *мн*
Effektenbanken *pl*, 37
фондовые комиссионные операции *мн*
Effektenkommissionsgeschäfte
pl, 37
фонды *мн*
Effekten *pl*, 37

фонды «лоро» (ценные бумаги
«лоро» *мн*)
Loroeffekten *pl,* 63

фонды «ностро»
Nostroeffekten *pl,* 67

формула *ж* **для исчисления
процентов**
Zinsformel *f,* 106

формы *мн* **вкладов под большие проценты**
hoch verzinste Anlageformen
pl, 96

франко (без дальнейшей оплаты)
franko, 42

франко - комиссионный сбор *м*
franko Provision *f,* 42

фрахтовое свидетельство *с*
Konnossement *n,*
Seefrachtbrief *m,* 56

фундированный долг *м*
fundierte Schuld *f,* 43

фьючерз *мн*
Futures *pl,* 43

Holdinggesellschaft *f,* 51

хранение *с* **вкладов**
Depotverwahrung *f,* 33

- **операция** *ж* **по сдаче на
хранение в банк ценнос-
тей**
Depotgeschäft *n,* 32

- **отдавать** (ценности) **на хранение**
etw. A ins Depot *n* geben, 32

- **расписка** *ж* **в приеме на
хранение вкладов**
Depotschein *m,* 33

- **хранение ценных бумаг без
описи**
irreguläres Depot *n,* 32

- **хранение ценных бумаг с
описью**
reguläres Depot *n,* 32

хранитель *м* **вклада**
Depositar *m,* 32
Depositär *m,* 32

X

Ц

хозяйственный расчет *м* (хозрасчет *м*)
wirtschaftliche Rechnungsführung *f,* 78

холдинг *м* (холдинг - компания *ж,* холдинговое общество *с*)
Holding *f,* 51

холдинговое общество *с*

цедент *м*
Zedent *m,* 103

цедировать (уступать)
zedieren *v,* 103

целевое накопление *с*
Zwecksparen *n,* 110

цена *ж* **предприятия** (фирмы)
Unternehmungswert *m,* 92

цена фирмы (ценность *ж*

фирмы)
Firmenwert *m*, 41
ценная (-ые) бумага (-и) *ж,мн*
Wertpapier *n*, 100
Papier *n*, 71
meist Papiere *pl*, 71
Effekten *pl*, 37
Notes *pl*, 68
ценная бумага *ж*, **фиксирующая права владельца по отношению к инвестиционной компании**
Anteilbrief *m*, 11
ценная бумага, фиксирующая участие в (акционерном) **обществе**
Anteilpapier *n*, 11
ценности *мн*
Valoren *pl*, 93
ценные бумаги мн (в самом широком смысле, включая банкноты)
Wertpapiere *pl*, 100
Valoren *pl*, 93
«ценные бумаги» *мн*
«Wertpapiere» *pl*, 100
ценные бумаги (в особ. биржевые)
Securities *pl*, 83
ценные бумаги
Effekten *pl*, 37
Wertpapiere *pl*, 100
ценные бумаги, обеспеченные активами
Asset Backed Securities *pl*, 11
ценные бумаги, переданные на

хранение
Depoteffekten *pl*, 32
ценные бумаги с фиксированным доходом
tarifbesteuerte Wertpapiere *pl*, 86
центральная комиссия денежного рынка (ЦКДР)
Zentraler Kapitalmarktausschuß (ZKMA) *m*, 104
центральная сфера деятельности банка
Zentralbereich (ZB) *m* einer Bank, 104
центральные кассы *мн*
Zentralkassen *pl*, 104
центральный банк *м*
Zentralbank *f*, 103
центральный совет *м* **банка**
Zentralbankrat *m*, 104
цессионарий *м* (приобретатель *м* уступленного требования)
Zessionar *m*,
Zessionär *m*, 104
цессионарный контроль *м*
Zessionsprüfung *f*, 105
цессионный кредит *м*
Zessionskredit *m*, 105
цессия *ж*
Forderungsabtretung *f*, 42
Zession *f*, 104
циклические ценности *мн*
zyklische Werte *pl*, 110
циркулярное аккредитивное письмо *с*
Zirkularkreditbrief *m*, 108

Ч

частичный акцепт *м*
  Teilakzept *n*, 86
частичный взнос *м*
  Teilzahlung *f*, 87
частное помещение *с*
  Privatplacement *n*, 73
часы *мн* работы биржи
  Börsenzeit *f*, 27
чек *м*
  Scheck *m*, 83
  Zahlungsanweisung
  (ZAnw.) *f*, 101
чек на оплату наличными
  Barscheck *m*, 21
чек с предворительным проставлением даты
  vordatierter Scheck *m*, 97
чистая прибыль *ж*
  Reingewinn *m*, 79
чистое золото *с*
  Feingold *n*, 39
чистый (незаполненный) бланк
м (чека, векселя)
  Blankett *n*, Blanko *n*, 24
чистый доход *м*, чистая выручка *ж*
  Reingewinn *m*, 79
  Nettoeinnahme *f*, 67
  Nettoertrag *m*, 67

Э

экономический спад *м*
  Rezession *f*, 80
экспортные поставки *мн* за
валюту
  devisenbringende
  Lieferungen *pl*, 34
эмбарго *с* на размещение
  Lieferungssperre *f*, 62
эмблема *ж* фирмы
  Firmenzeichen *n*, 42
эмиссионная операция *ж*
  Emissionsgeschäft *n*, 38
эмиссионные банки *мн*
  Emissionsbanken *pl*, 38
  Effektenbanken *pl*, *38*
эмиссионный банк *м*
  Emissionsbank *f*, 38
  Notenbank, 68
эмиссионный контингент *м*
  Notenkontingent *n*, 68
эмиссия *ж* (выпуск *м*) банкнот
  Notenausgabe *f*, 68
  Notendruck *m*, 68
эмиссия *ж*
  Emission *f*, 38
эмиссия акций
  Aktienausgabe *f*, 9
эмитент *м*
  Emittent *m*, 38

Ю

юридическое лицо *c*
  juristische Person *f*,   54

юрисдикция *ж* **финансовых судов**
  Finanzgerichtbarkeit *f*, 41

Der russische Teil des Lexikons wurde von
Juri Sasonow, Direktor der Vereinigung der
Kommerziellen Banken·der GUS, redigiert.

Редакция русскоязычной части словаря
осуществлена директором Ассоциации
коммерческих банков СНГ Ю.А. Сазоновым.

Verlag-Koordination
D. Raitschew
Technische Redaktion
J. Michalkina

Редактор
Д.Раичев
Технический редактор
Е.Михалкина

НЕМЕЦКО-РУССКИЙ
БАНКОВСКО-ФИНАНСОВЫЙ
СЛОВАРЬ

Подписано в печать с оригинал-макета 27.11.93 г.
Формат 84x108 $^1/_{32}$
Гарнитура «Таймс»
Бумага офсетная
Печать офсетная
Объем 5,5 печатных листов
Тираж 5000 экз.
Изд.№15   Заказ № 1076.

Редакционно-издательский центр «ТОК»
119435, Москва, ул. М. Пироговская, 23-64
214018, Смоленск, ул. Кирова, 44

Отпечатано с готовых диапозитивов в типографии
издательства «Белорусский Дом печати»
220041, Минск, проспект Ф. Скорины, 79.